Pömpel, Patt
und Pillepoppen
2

Matthias E. Borner

Pömpel, Patt und Pillepoppen 2

Herausgeber: Matthias E. Borner
©Verlagsunion Vox Rindvieh,
Isselhorst, 2. Auflage (5. Tsd.), 2013
ISBN 978-3-00-025215-0

Layout, Satz, Cartoons,
Covergestaltung: Jo Pelle Küker-Bünermann,
Gütersloh

Druck und Bindung: Hans Kock Buch- und Offsetdruck,
Dornberg

Logistik: Runge Verlagsauslieferung,
Steinhagen

Internet: www.bielefelderisch.de
Gestaltung und Programmierung:
Digitalkombinat, Bielefeld-Mitte

Kontakt: matthias.borner@bielefelderisch.de

Willkommen in Ostwestfalen-Lippe!

*Der Düsseldorfer Fahrgast, als der Taxifahrer das hohe
Trinkgeld wortlos wegsteckt:
»Sagt man eigentlich in Bielefeld nicht ›Danke‹?« –
»Es gibt sonne und seuche«, erwidert der Taxifahrer,
»manche sagens, manche nich.«*

Inhalt

6

Käar, du ahnzes nich!

Direkt nach dem Ende meiner Schulzeit, aber noch vor dem
Anpfiff der darauf folgenden Bundesligasaison unternahm ich
mit zwei Freunden eine Campingtour durch Europa. Auf einer
solchen Reise lernt man mehr als in all den vielen Schuljahren
zuvor – gerade was Fremdsprachen angeht. So trafen wir auf
dem Zeltplatz im südfranzösischen Avignon drei Reisende, die
wir zunächst trotz (oder wegen) unserer Französischkenntnisse
nicht verstehen konnten. Es stellte sich heraus, dass es gar keine
Franzosen waren, sondern gestandene Bayern. »Mir san aus
Minga«, stellte sich das Bajuwaren-Trio vor, als das Missver-
ständnis ausgeräumt war. »Angenehm, wir sind aus Ostwestfalen«, gaben wir höflich zurück. »Mei, ihr sehts goanet wie
Ossis aus«, lautete die in einer Mischung aus Kompliment und
Mitleid angelegte Antwort. Es wurde dann aber trotzdem noch
ein wirklich sehr vergnüglicher Abend, der – und deshalb
schreibe ich Ihnen das hier überhaupt – entscheidend dazu
beitrug, dass dieses Buch entstand.

Bis dahin, und ich war immerhin schon fast zwei Jahrzehnte
auf der Welt, hatte ich nämlich stets geglaubt, meine Freunde
und ich sprächen reinstes Hochdeutsch. Doch flötepiepen! An
diesem Abend in Avignon sollte sich meine Überzeugung als
Irrtum herausstellen. Bayern und Bielefelder machten sich
gemeinsam daran, das Abendessen zu bereiten. Ich bat einen
unserer neuen Freunde, mir die Bratpfanne zu reichen. Kurzes
Schweigen meines Gegenübers, dann: »Wos wuist?« Ich wie-
derholte meinen Wunsch, woraufhin er grinsend seine beiden
Spezis zusammentrommelte: »He, horcht amoi, des is fei lustig«.
Unbedingt wollte er, dass ich noch einmal den Gegenstand
benenne, den er mir reichen soll. Na gut: »Getz habbich's bald

fümfma gesacht, aber bitte: Direkt nehm dir liecht ne Fanne, die will ich ham!« Großes Gelächter allenthalben. Welch eine Schmach: Drei Bayern, die das denkbar bayerischste Bayerisch sprachen, machten sich über meine Aussprache lustig. So fehlte meiner Pfanne angeblich das P. »Fanne«, imitierten sie mich und konnten gar nicht damit aufhören, sich zu beömmeln. Den restlichen Abend wurden meine Mitfahrer und ich gezwungen, Pf-Wörter auszusprechen. »Feife.« – »Hihihi.« – »Fiasich.« – »Hohoho!« – »Fäard.« – »Bruhahahahaha!«

»Käa, du ahnzes nich«, dachte ich bei mir. »Ham wir in Ost-westfaaln am Ende doch nen Dialekt?« Nein, haben wir nicht. Aber so etwas wie einen Regiolekt, eine regional verbreitete Umgangssprache. Und wir benutzen Wörter, die man vielleicht in Westfalen, vielleicht sogar in ganz Nordwestdeutschland, aber sicherlich nicht mehr in Oberbayern versteht. Das konnte ich an jenem Abend empirisch überprüfen. Wenn der Gaskocher einen technischen Defekt aufweist, braucht man einen Bayern nicht nach einem Pinöckel zum Prokeln fragen.

Da stellt sich doch die Frage: Wie kommen eigentlich die vielen Zugereisten in Bielefeld mit unseren sprachlichen Eigenheiten zurecht? Die vielen Arbeitnehmer, die hier zukunftssichere Jobs fanden, sei es als Testesser in der Lebensmittelbranche, als Fußballprofi beim DSC Arminia oder als Umetikettierer in der benachbarten Fleischwarenindustrie. Die Studenten, die bei der ZVS-Zuteilung das große Los gezogen haben und vom biederen Kleinbürgerkaff Berlin ins hippe Oberzentrum Bielefeld ziehen durften. Die Touristen, die aufgrund einer Fehlbuchung ihren Urlaub in Hoberge statt in Heidelberg verbringen. Die britischen Soldaten, die das Vereinigte Königreich verteidigen, indem sie in »Puddingtown« stationiert sind. Und nicht zuletzt *Sie,* liebe Leserin, lieber Leser, die/der Sie ja offensichtlich ebenfalls neu in Ostwestfalen-Lippe sind – warum sonst hätten Sie zu diesem

Lehrbuch gegriffen. Wer hilft all diesen Menschen, sich am Teuto verständlich zu machen? Die VHS Bielefeld bietet Sprachkurse in Englisch, Dänisch, ja sogar Chinesisch an. Aber Umgangsostwestfälisch fehlt im Kursprogramm. Das Westfalen-Blatt, die heimische Fachzeitung für Integrationshilfe, erkannte das Problem und bekämpfte es mit dem wöchentlich Abdruck einer Bielefelderisch-Lektion unter dem Titel »Pömpel, Patt und Pillepoppen«.

Die ersten 55 Kolumnen dieses Sprachkurses bilden den »Grundwortschatz zum Überleben in Bielefeld«, den ich 2007 als Buch veröffentlichte. Das Ergebnis: Begeisterte Kritiken sogar im Konkurrenzblatt »Neue Westfälische«, Anfragen vom WDR für Verfilmungen einzelner Lektionen und eine wohlwollende Rezension im Kulturteil (!) der FAZ gab es zwar erwartungsgemäß nicht, dafür machte mir das Schreiben aber einen Riesenspaß – auch deshalb, weil es sehr viel Resonanz gab. Viele Leser schickten weitere Vokabeln ein oder nutzten Lesungen, um dem ahnungslosen Autor mitzuteilen, wie die im ersten Band falsch aufgeführten Wörter denn nun tatsächlich und in Wirklichkeit lauten müssen (»Es heißt usselich und nich össelich, vaddorichnocheins!«). Zahllose Bielefelder halfen mit, die Liste der heimischen Begriffe zu vervollständigen. Die Zeitungskolumne lief also auch nach Veröffentlichung des Buches weiter. Den kleinen Band kauften indes innerhalb eines halben Jahres 6.000 Lernhungrige, was ungefähr 6.000 mehr waren, als ich ursprünglich erwartet hatte.

Offenbar gab es also einen Bedarf an weiteren Vokabeln, so dass in diesem Band die Lektionen 56 bis 95 als Aufbauwortschatz folgen. Wie auch schon im ersten Band von »Pömpel, Patt und Pillepoppen« sollen Ihnen die nachfolgenden Lektionen kein Plattdeutsch vermitteln. Vielmehr geht es darum, Ihnen solche Wörter und Wendungen vorzustellen, die es nicht in

»offizielle« Wörterbücher wie den Duden oder den Wahrig geschafft haben, die die Bielefelder aber trotzdem in ihrer Umgangssprache fleißig verwenden.

Da Sie als Neubürger der Teuto-Metropole nicht nur an der Sprache interessiert sein dürften, sondern auch wissen möchten, in welch eine Region Sie es da um Gottes Willen verschlagen hat, habe ich außerdem einige Exkurse einfließen lassen, die Ihnen Sitten und Gebräuche der Einheimischen näher bringen sollen. Sie werden feststellen: So schlimm ist es gar nicht hier. Auch wenn viele immer behaupten, Bielefeld liege am Arsch der Welt – das stimmt nicht. Vorm Burgfried der Sparrenburg aus kann man ihn bei gutem Wetter allerdings sehen.

Und ganz im Ernst: Bielefeld ist in der Tat beides, Provinz und Zentrum. Von Berlin und auch von Düsseldorf aus gesehen sicher Provinz. Aber zugleich Zentrum des fünftgrößten Wirtschaftsraums in Deutschland, ein Zentrum diakonischer Arbeit und des Zusammenlebens psychisch kranker und gesunder Menschen, ein Zentrum sozial- und geisteswissenschaftlicher Lehre, ein Zentrum für Textil- und Modedesign, das Zentrum einer Gesundheitsregion mit Vorbildcharakter und Lebensmittelpunkt für 325 000 Menschen. Und Sie gehören ab jetzt dazu!

Beim Vokabellernen wünscht Ihnen viel Spaß und Erfolg

Matthias E. Borner

sich beömmeln

Bedeutung: *etwas lustig finden, sich über etwas amüsieren*

Anwendungsbeispiel: »Der Kuart waa ja nachem Heeper Ting dearmaaßen dudeldicke, der hat ja im Fahrstuhl seine Schuhe ausgezogen und vore Tüar gestellt, weila dachte, er wäar innem Hotelzimmer! Was ham wir uns da <u>beömmelt</u>!«

Teilnehmer unseres Sprachkurses, die bereits das erste Lehrbuch aus dieser Reihe durchgearbeitet hatten, schrieben dem Verlag, wie sehr sie sich beim Lesen der Lektionen amüsiert hätten. Auch wenn das als Kompliment gemeint ist, so müssen wir dafür einen Rüffel erteilen und sogleich klarstellen:

1. Sie sollen sich beim Lesen nicht amüsieren, sondern etwas lernen – schließlich machen wir das hier nicht zum Spaß, sondern um die Integration zugereister Neubürger zu fördern, und das ist eine sehr ernste Angelegenheit, bei der jedwede Art von Amüsement gänzlich unangebracht ist.
2. Wenn denn trotzdem die Lektüre einmal unbeabsichtigterweise Anlass zur Erheiterung geben sollte, dann *beömmeln* Sie sich doch bitte. Das ist nämlich echt Bielefelderisch und damit durchaus erlaubt, ja sogar ausdrücklich erwünscht!

Der Gebrauch des Wortes »beömmeln« ist seit ca. 1900 nachgewiesen, und zwar als regionale Abwandlung von »sich beeumeln«. »Eumeln« wiederum hat die Bedeutung von tanzen, spielen, ausgelassen sein, Dinge tun, die nicht zum Dienstbetrieb gehören. Entsprechend ist der »Eumel« eine Person, die sich leicht ablenken lässt, ein durchaus liebenswürdiger Mitmensch, der aber für die harten Alltagsaufgaben nicht taugt (man könnte auch sagen: ein netter Volltrottel). Ein Eumel eumelt oft herum, d.h. er ist schlaksig, ungelenk und bewegt sich tollpatschig. Und er beeumelt sich, d.h. er benimmt sich, wie sich Eumel eben benehmen, und zeigt damit seine Verwandtschaft zum Kasper und zum Hanswurst: Er flachst, albert herum und findet alles (seine eigenen Scherze nicht ausgenommen) zum Brüllen komisch.

Die heutige Bedeutungspalette von »beömmeln« ist breit und sehr subjektiv. Der eine versteht unter dem Begriff eher das stillvergnügte In-sich-hinein-Gnickern, der andere verbindet es mit lautem Losprusten. Vom Schmunzeln über das Kichern bis zum Sich-kringelig-Lachen umfasst das Beömmeln also sämtliche Stadien der Heiterkeit. Wir hoffen, dass Sie möglichst oft Grund haben, dieses neugelernte Wort zu verwenden, und wünschen Ihnen in diesem Sinne nicht nur ein frohes, sondern auch ein fröhliches Schaffen!

lernen und ablernen

Bedeutung: *beibringen, vermitteln, unterrichten bzw. abgewöhnen, abtrainieren, austreiben*

Anwendungsbeispiel: Sternstunden Großdornberger Pädagogik:»Hat euch eigentlich inna Schule niemand gutes Benehm' geläänt? Manchma glaub ich, ihr habt eure Oarn nich zum Höarn, sondern nuar, damit ich se euch langziehn kann – ich habb euch hunnatmal gesacht, wenn unser Omma ihr Mittachsschläfken macht, sollt ihr nich so duarchen Fluar poltern und rumkrakeeln! Abba wartet nur, das läarn ich euch schon noch ab!«

Wir gehen davon aus, dass Sie die einzelnen Lektionen dieses Bändchens mehrfach durcharbeiten, um den bisher referierten Prüfungsstoff zu repetieren (wir könnten auch sagen:»um die Wöata nomma duarchzukuckn«, aber so klingt es wissenschaftlicher). Denn Vokabeln zu lernen ist *eine* Sache – eine andere, sie auch über längere Zeit zu behalten. Womit wir auch schon beim Thema dieser Lektion wären, nämlich der Vermittlung und Vernichtung von Wissen.

Im Hochdeutschen gibt es für die oft anstrengende Tätigkeit, Unterrichtsinhalte zu vermitteln, das Verb»lehren«: Der Schüler lernt, was ihn der Lehrer lehrt. Im Ostwestfälischen hingegen bezeichnet man nicht nur das Aneignen, sondern auch das Weitergeben von Kenntnissen mit»lernen« (bzw. »läarn«). Also zum Beispiel:»Du hass noch nie Püfferkes gebrutschelt? Kein Problem, ich läarn dich das!« Konsequenterweise müsste daher ein Lehrer hierzulande »Lerner« heißen. Heißt er aber nicht – sondern wahlweise Pauker, Kommagärtner oder Stupidienrat.

Nun ist ein Lehrer aber ohnehin nur die eine Hälfte seiner Zeit damit beschäftigt, zu lehren und seinen Schülern etwas beizubringen. Die andere Hälfte verbringt er mit Versuchen, ihnen vorhandenes Wissen wieder auszutreiben: Die Kenntnis, wie man mit einem Zirkel Tischplatten durchbohrt, die Erfahrung, wie elterliche Entschuldigungsschreiben täuschend echt nachzumachen sind, das Know-how, sich während einer Klausur mit dem Klassenbesten per SMS zu verständigen – das alles sind Wissenszuwächse, die der Pädagoge bei den Pennälern gerne rückgängig machte. Oder auf gut Bielefelderisch: »Der Pauker väasucht den Blagen das wieder abzuläarn«. Und zwar entweder mit Klassenbucheinträgen oder mit Strafarbeiten, in jedem Fall aber erfolglos.

Und was lernt uns das alles? Dass man zwischen Altenhagen und Ummeln schnell lernen sollte, sich den Begriff »lehren« abzulernen …

spierig, spillerig, spisselig

Bedeutung: *dünn, mager, schmächtig*

Anwendungsbeispiel: »Unser Hilde ihr Mann, der is ganz vons Fleisch gefalln. Spierich wiea is könnt der glatt seine Aambanduhr als Güatel tragen. Wenn der ma annem sonnigen Tach 'n bissken im Schatten liegen will, brauch der sich nuar ne Wäscheleine aufspann' – sonnen richtich Spillerigen is das.«

Spillerig, spisserig oder spierig mit »dünn« zu übersetzen, ist nur die halbe Wahrheit – »zu dünn« müsste es in vielen Fällen heißen. Denn wer mit diesen Vokabeln umschrieben wird, hat offensichtlich die letzten Jahre permanent die Fressstände auf dem Schildsker Stiftsmarkt, dem Brackweder Schweinemarkt und den Jürmker Klön gemieden und ist im Vergleich zu seinen Mitmenschen auffallend mager. So etwas gilt im Land von Pickert und Püfferken als schwere Verfehlung! Entsprechend vergleicht man den Körperbau eines solchen Genussverweigerers mit einem »Spier«, einem dünnen, brüchigen Halm, oder einer »Spille«, dem Hals einer Spindel, auf dem der Faden aufgewickelt wird.

Fast immer schwingt ein negativer Unterton bei der Verwendung dieser Wörter mit. So ist es zum Beispiel undankbare Friemelarbeit, einen spierigen Faden einzufädeln, weil dieser ausgefranst und kaum zu greifen ist. Ein spilleriger Tannenbaum muss besonders stark geschmückt werden, um mit der Extraportion Lametta das Fehlen der Nadeln zu kaschieren. Bevor Männer eine Pläte, d.h. eine Glatze bekommen, haben sie oft nur noch einige Spieren, lange dünne Härchen, auf dem Kopf. Ein besonders dünnes, um nicht zu sagen dürres Kind, das sich beim Spielen hinter einem Besenstiel verstecken kann, ist ein Spinnewippken – und wird später ein Spinnewipp, vielleicht auch ein Schmachtlappen, Mickermännchen oder Zissemännken, niemals aber ein Ömmes, Brocken, Küben oder Kawenzmann.

Vergackeiern (foppen) lassen sich natürlich auch spierige Menschen nicht gerne. Wer eine besonders dünne Person mit den Worten aufzieht »Hömma, so wie du aussiess, könnt man mein', in Bielefeld wäar 'ne Hungersnot ausgebrochen!«, sollte selber kein allzu großes Speckbäuchsken mit vielen Schmülleken (Fettröllchen) besitzen. Sonst hört er nämlich als Antwort: »Und wenn man dich so sieht, könnt man mein', *du* wärs die Hungersnot in Schuld!«

Die Ken-Methode

Bielefelderisch als Fremdsprache erfreut sich immer größerer Beliebtheit. Das ist prinzipiell schön. Aber leider ist dadurch das Leistungsgefälle innerhalb dieses Sprachkurses recht hoch. Es gibt Leser, die bereits nach wenigen Lektionen fließend Bielefelderisch sprechen (»die mittezeit quatern könn' wie'n gebüatigen Quirkendörper«), und andere, die sich recht schwer tun (»bei den' man ssobutz höat, dassse woannas wech sind«).

Für alle Sprachschüler, denen das Vokabelpauken weniger liegt, haben wir eine Strategie parat, wie sie ihre lückenhaften Ostwestfälisch-Kenntnisse stante pe um ein Vielfaches erweitern können: die sogenannte Ken-Methode.

Die Ken-Methode ist ideal geeignet, um ohne großen Lernaufwand zu den ollen Strebern aufzuschließen: Hängen Sie einfach hinter jedes hochdeutsche Hauptwort die Endung »-ken« an. Durch diesen simplen Trick klingen Ihre Worte so Bielefelderisch, als hätten Sie schon als Kind auf dem Hof Ihrer Großeltern Kartoffeln aus der sandigen Senne-Erde ausgekriegt.

Und so einfach funktioniert die Ken-Methode: Aus dem Haus wird ein Häusken. Aus dem Pott wird ein Pöttken. Aus dem Wams ein Wämsken und dem Zuckerklott ein Zuckerklöttken. Zur vertiefenden Übung essen Sie das eine oder andere Bütterken mit ein paar Häppken Fleischwurst und einem Stücksken Käse und trinken dazu einige Pülleken Bier. Das Ergebnis sind dann Schmülleken um ihren Bauch – aber hier sehen bzw. hören Sie schon den Vorteil. Wie hässlich klänge es, »Fettpolster« zu haben (»Schmulle« ist ein niederdeutsches Wort für Schweinespeck). Aber ein paar kleine Schmülleken, die stören niemanden.

Zugegeben, manchmal ändert sich die Bedeutung eines Wortes durch die Ken-Methode ein wenig. Dann wird aus einem lehmigen Klumpen ein cremiges Klümpken (Bonbon bzw. Bömsken), aus der Hucke (»Du kriss gleich die Hucke voll!« = den Rücken) wird das Hücksken (die Hocke) und aus der ehrwürdigen Großmutter ein kröckeliges Ömmaken.

Umgekehrt gibt es auch Worte, die man mit der Ken-Methode nicht verniedlichen kann. Selbst wenn ein pöbelnder Mob nur aus wenigen Personen besteht, und selbst wenn diese Unruhestifter eher spierig und schmächtig sind, ist es unangebracht, von »Gesöcksken« statt »Gesocks« zu sprechen.

Vokabeltest: Ihr persönliches Ken-Wort

Ob Sie das Prinzip verstanden haben, können Sie im folgenden Vokabeltest unter Beweis stellen, in dem es ausschließlich um »-*ken*«-Wörter geht. Erraten Sie die gesuchten Vokabeln und notieren sie jeweils die in Klammern angegebenen Buchstaben: Die Lösung beschreibt etwas Kleines, das Sie machen müssen, um auf die Lösung zu kommen – die Sie alternativ auf Seite 128 nachlesen können.

1. *Dieses* Wort beschreibt keinesfalls ein geschrumpftes Ruhrgebiet, sondern die kleinere Ausführung eines Gegenstandes, der früher zu geschäftlichen Zwecken unterm Bett stand. (1. Buchstabe)

2. Aus einem unentschiedenen Ausgang wird durch die Ken-Methode ein schmaler Weg. (2. Buchstabe)

3. Aus einer Vorrichtung zum Auffangen von Stößen an Schienenfahrzeugen werden durch die Ken-Methode leckere Teigfladen. Übrigens: Lässt man das »E« in der Mitte des Wortes weg, entsteht keineswegs ein Mini-Bordell, sondern ein kleines Feuer. (2. Buchstabe, aber ohne die Punkte)

4. Gesucht: das bescheidene Eigenheim der Großmutter, die laut einem Stimmungslied bisweilen mit ihrem Pättkenschnüwer durch den Hühnerstall pest und deren Enkel die besungene Immobilie samt erster und zweiter Hypothek mutwillig als Schasskermoos verjubeln. (4. Buchstabe)

5. Jetzt fehlen Ihnen noch drei Buchstaben. Aber selbst wenn Sie nicht wissen, wie der langjährige Liebhaber von Barbie heißt, könnten Sie mit ein bisschen Nachdenken darauf kommen …

Grundsätzliches

Wer sich schon mit dem ersten Band unseres Sprachkurses befasst hat, dem wird es beim Studieren der Lektionen aufgefallen sein: Innerhalb des Bielefelder Wortschatzes gibt es zwei Sachgruppen, denen sich besonders viele Vokabeln zuordnen lassen – Sachgruppen, die ein etwas irritierendes Licht auf das gesellschaftliche Leben in der Leineweberstadt werfen.

Denn die erste der beiden auffälligen Vokabelhäufungen rankt sich ums Trinken, um nicht zu sagen Saufen: So mancher Bielefelder hängt sich offenbar derbe einen um, indem er mit seinem Schasskermoos Gepattkerten bestellt und als Schlürschluck selbst noch die Miegewippe wechpichelt; er püttkert, ballert und böltert sich einen, bis er völlig dune, knülle, kanonen oder dudeldicke ist.

In der zweiten Sachgruppe geht es um missmutige und beleidigende Äußerungen aller Art – eventuell auch begünstigt durch die Tätigkeiten aus der ersten Sachgruppe. Einem angeschickerten Bölkhannes (also einem angetrunkenen Schreihals) oder einer Gaffelzange (einem weiblichen Hausdrachen) stehen beim Schännen und Schandulen (beim Schimpfen) eine beeindruckende Palette an Schimpfwörtern zur Verfügung, die wir an dieser Stelle aus zwei Gründen ungenannt lassen:

1. um der verbalen Verrohung keinen Vorschub zu leisten,

2. um den Verkauf von *Pömpel, Patt und Pillepoppen, Band 1* anzukurbeln – dort finden Sie nämlich in Lektion 38 unter dem Stichwort »schännen« alles, was Sie für Ihren nächsten Nachbarschaftsstreit brauchen.

Darüber hinaus gibt es eine Vielzahl von Vokabeln, mit denen Sie als Bielefelder den Grimmigkeitsgrad einer Person beschreiben können. Jemand ist »verdreht«, »tranklöterig« und »nöhlt rum«, wenn er irgendwas nicht »verknusen« kann, er ist »nöckelig«, wenn etwas nicht so läuft, wie er es geplant hat, oder er ist »knötterig«, wenn etwas zwar so funktioniert, wie er es geplant hat, er sich aber dadurch seine schlechte Stimmung nicht vermiesen lässt. Treffen zwei Nöckelige zusammen, kann es passieren, dass sich bald beide derbe am »Kebbeln« und »Katzbalgen« sind.

Ständig besoffen, brummelig und vor sich hin keifend – sollte so etwa der typische Bielefelder sein? Natürlich nicht. Mit eigenen Vokabeln kennzeichnet der Volksmund ja immer das Außergewöhnliche. Es gibt Begriffe für besonders schmächtige Menschen (Mickermännchen, Schmachtlappen) und für besonders stabil gebaute (Kawenzmann, Küben) – für Menschen mit durchschnittlicher Figur gibt es keinen eigenen Ausdruck.

Weil nun die Bielefelder Bevölkerung größtenteils aus spendablen Gönnern, eleganten Jungfrauen und eben stocknüchternen Abstinenzlern besteht, gibt es im Regiolekt auch nur Ausdrücke für das Gegenteil: »knickriger Lauschepper«, »schlunzige Jökeltrine« und »knüppelhagelvoller Suffkopp«. Die Häufung von Wörtern rund um das Streiten, Zanken und Schlecht-gelaunt-Sein wiederum zeigt nichts anderes, als dass Sie in Bielefeld normalerweise ausschließlich auf bezaubernde, freudestrahlende und gut gelaunte Menschen treffen.

Apropos gut gelaunte Menschen …

Die Zufriedenheit der Bielefelder:
Ganz glücklich in Gadderbaum

Am wohlsten von allen Deutschen fühlen sich die Bürger im Osnabrücker Land. Das will der *Stern* in einer Umfrage herausgefunden haben. Demnach gaben 87 Prozent der Osnabrücker Bürger an, gerne in ihrer Stadt zu leben – ein Ergebnis, mit dem wiederum die Stadt Osnabrück angeben kann. Eiligst entwarf sie eine Marketing-Kampagne mit dem gereimten Slogan »Ich leb' zum Glück in Osnabrück«.

Und Bielefeld? Wir sind nach eigener Aussage mittelglücklich und landeten auf Platz 37. Naja. Was sagt das schon aus. Doch wohl nur, dass 87 Prozent der Osnabrücker offensichtlich noch nie ihre Stadt verlassen haben und ihnen die Vergleichsmöglichkeiten fehlen, während sich die reisefreudigen Bielefelder mit einer gesunden Mischung aus Optimis- und Realismus zwischen Heidelberg und Hoyerswerda einzuordnen wissen. Das sollte unserem Stadtmarketing für eine entsprechende Kampagne reichen mit dem Titel »Ich reise durch die ganze Welt / und wohne doch in Bielefeld«.

Was erschwerend hinzu kommt: Die Antworten der Bielefelder wurden gar nicht separat für Bielefeld ausgewertet. Stattdessen schloss man auf unsere Zufriedenheit von den Bewertungen aus der Region Ostwestfalen-Lippe. Frechheit! Irgendein Mindener lässt nach einem schweren Tag in der Filtertütenfabrik seinen Dampf beim Meinungsforschungsinstitut ab, und wir Bielefelder stehen hinterher als Berufsquerulanten und Meckerköppe da. Womit der von uns geforderte Bielefeld-Slogan um einige erklärende Unterzeilen

ergänzt werden sollte: »Gäb's mehr, was Mindenern gefällt /
wär'n sie im Meckern nicht so fleißig / dann wären wir in
Bielefeld / längst schon auf Platz 36!«

Krösken

Bedeutung: *(halboffizielles) Liebesverhältnis*

Anwendungsbeispiel: Die Ehefrau des Geschäftsführers zu dessen neuer Sekretärin:»Ich hoffe nur, Sie fang' nicht wie Ihre Vorgängerin 'n <u>Krösken</u> mit ihm an. Sonst geht's Ihn' hier wie Ihrer Vorgängerin und Sie sind die längste Zeit Sekretärin gewesen.« – »Wer war denn meine Vorgängerin?« – »Ich.«

Eine Liaison, eine Liebelei, eine Romanze, eine Affäre – keines der Wörter trifft exakt die Bedeutung des »Kröskens«. Die Liaison ist zu vornehm (wir sind ja nicht in Paris, sondern in Oldentrup), die Liebelei zu oberflächlich, die Romanze zu schwärmerisch und die Affäre zu stürmisch. Aber was ist nun genau das Besondere daran, wenn »zwei son Krösken mittenander ham«? Nun, ganz unromantisch betrachtet liegt bei einem Krösken folgender Sachverhalt vor: 1. Ein Pärchen hat zusammengefunden. 2. Niemand darf davon wissen. 3. Jeder weiß davon.

Für die Punkte 1 und 2 sind die beiden Partner selbst verantwortlich, um Punkt 3 brauchen sie sich nicht zu kümmern. Der sonst so mundfaule Bielefelder entwickelt nämlich ungeahnte kommunikative Fähigkeiten, wenn es darum geht, die Nachricht eines vor- oder außerehelichen Liebesverhältnisses zu verbreiten. Im publizistischen Übereifer soll es hin und wieder sogar vorkommen, dass Punkt 3 bereits vor dem Punkt 1 erfüllt ist und die beiden Protagonisten als stadtweit einzige Personen noch nichts von ihrem jungen Glück wissen.

Sich über die moralischen Fehltritte anderer zu empören, ist nämlich beliebtes Hobby. Ein Beispiel dafür schildert eine altbekannte und dennoch zeitlos aktuelle Anekdote. Da trifft sich eine Frau, deren Mann sie bei einem Klönabend mit Freundinnen wähnt, heimlich mit ihrem alten Schulfreund – der Krösken-Klassiker. Beide sitzen Händchen haltend in einem Restaurant, als die Nachbarn der Frau, die Eheleute Bölterkamp, am Nebentisch Platz nehmen und das heimliche Paar vorwurfsvoll-pikiert anschauen. Die beiden Ertappten verlassen fluchtartig die Lokalität und beraten stundenlang, wie die verfahrene Situation zu retten und das Rendezvous vor dem Ehemann geheim zu halten sei.

Schweren Herzens entschließt sich die Frau dazu, am nächsten Morgen bei den Bölterkamps zu klingeln. Mit hochrotem Kopf bittet sie Herrn Bölterkamp inständig um Verschwiegenheit über das am Vorabend Gesehene. »Käar, das is ja man wiaklich Pech«, beantwortet der noch im Pölter befindliche Nachbar das flehentliche Gesuch. »Meine Frau issa grade mit los nachem Bäcker hin.«

hibbelig und fickerig

Bedeutung: *unruhig, aufgeregt, zappelig, nervös*

Normalerweise drämeln und drömmeln die Bielefelder ja, lassen sich nicht aus der Ruhe bringen und haben auf den drängenden Befehl »Nu machma tengern!« nur ein »Flötepiepen!« übrig. Dass ein Bielefelder fahrig, unruhig und nervös wird, scheint schon früher ein so mitteilungswertes Ereignis gewesen zu sein, dass sich dafür im Ostwestfälischen einige Fachbegriffe herausbildeten.

Wühlt in Bielefeld der Geschäftsführer eines Sportbodenherstellers plötzlich hektisch in seinen Schreibtischschubladen, um den Inhalt hastig in den Papierschredder umzufüllen, fragt ihn seine Sekretärin besorgt »Was sindse denn heut so <u>hibbelich</u>?«, bevor sie die Staatsanwälte mit dem Durchsuchungsbefehl hereinbittet. Fängt das sonst so wortkarge Kind an der Supermarktkasse zu quengeln an, beendet die Mutter die Diskussion um den Einkauf von Schlickersachen mit den Worten »Getz hibbel hier nich so rum!« Kommentiert ein Angler am Südstadtteich nach drei wort- und regungslos verbrachten Stunden den ausbleibenden Fangerfolg mit »Beißen heut nich«, bölkt ihn sein Nachbar an: »Wolln wa hier angeln oder rumquasseln? Getz vabreit'ma keine Hektik, oller Hibbelkopp!«

Synonym für »hibbelig sein« wird auch die Wendung »fickerig sein« gebraucht: »Hör auf, so hibbelich zu sein – das macht mich ganz <u>fickerich</u>!« Beide Wörter beschreiben den unruhigen Körper, in dem ein unruhiger Geist wohnt: »hibbelig« ist über »hoppeln« und »hoppen« verwandt mit

»hüpfen« (bzw. hüpkern, wie man in Bielefeld sagt). Es heißt also eigentlich »hüpferig« und beschreibt das bei Nervösen zu beobachtende ständige Auf- und Abwippen mit den Füßen.

»Fickerig« stammt von dem Wort, von dem man denkt, dass es daher stammt, das aber noch im 15. Jahrhundert ausschließlich die Bedeutung »etwas hin- und herbewegen« hatte. Wer sich also z.B. ständig mit den Fingern durch die Haare fährt und seine Körperhaltung im Zwei-Sekunden-Rhythmus wechselt, ist offensichtlich fickerig. Falls solch komisch wirkende Bewegungen nicht unterbewusst, sondern absichtlich geschehen, sprechen wir davon, dass jemand »Faxen macht« – sprachgeschichtlich ein direkter »fickerig«-Verwandter.

Was kann man dagegen tun, dass jemand hibbelig oder fickerig ist? Am Besten gar nichts. Die Erfahrung zeigt: Nur ein in Ruhe gelassener Mensch wird in Ruhe ein gelassener Mensch.

Schnotten

Bedeutung: *Nasensekret*

Anwendungsbeispiel: Scherzfrage unter Kindergärtnerinnen: »Was is' der Unterschied zwischen <u>Schnotten</u> und Broccoli? Ganz einfach: Es gibt keine Blagen, die gearne Broccoli essen …!«

Am Karneval scheiden sich hierzulande die Geister. Faschingsverweigerer sehen die fünfte Jahreszeit als Epidemie, die Betroffene am Morgen müde, am Abend tatendurstig und nach dem Aschermittwoch arbeitsunfähig macht. Etwas Wahres ist dran; viele Narren sind nach den tollen Tagen derbe erkältet. Was kein Wunder ist, wenn man Anfang Februar als Tarzan verkleidet mit freiem Oberkörper durch die Straßen von Schloß Holte-Stukenbrock tapert.

Weil Bielefeld narrenfreie Zone ist (auch wenn die Mitglieder des Brackweder Karnevalsvereins von 1949 wie tapfere Gallier die Stellung gegen die Übermacht der Faschingsverweigerer halten), fahren an Karneval zahlreiche Menschen in die Frohsinnshochburgen nach Köln, Düsseldorf, Delbrück und Rietberg.

Entsprechend herrscht am Rosenmontag in so manchem Büro dicke Luft. Karnevalskritische Angestellte haben die Nase voll, weil sie die Vertretung für die fehlenden Kollegen übernehmen müssen, und reagieren verschnupft, wenn diese sie dann auch noch als langweilige und humorresistente Schnösel bezeichnen. Die Narren wiederum sind verschnupft, weil sie – von so manchem »Klaren« innerlich gewärmt und von dem strahlenden Sonnenschein perfide getäuscht – die winterliche Kälte beim Umzug unterschätzt haben und nun mit einem akuten Nasenkatarrh weiterfeiern müssen. Auch sie haben die Nase voll – nämlich mit Schnotten.

Die so Gepeinigten schniefen und schnaufen, schneuzen und schnupfen, schnarchen und schnauben. Ans Schnuppern und Schnüffeln oder ans Schnötern (Bielefelderisch für »herumschnüffeln«) ist wegen des Schnodders zwar nicht zu denken. Doch gehören auch diese Begriffe sprachhistorisch zu der großen Gruppe der mit »schn-« beginnenden Wörter, die mit der Nase hervorgebrachte Laute beschreiben. Selbst der oben erwähnte arrogante »Schnösel« hat in dieser Wortsippe seinen Ursprung, bezeichnet man doch damit eine »Rotznase«, einen unreifen Menschen, der sich mit »schnodderigen« Ausdrücken wichtig tut, obwohl sich sein Nasenschleim einen Weg zu seiner vorlauten Schnute bahnt. Der echte Bielefelder würde eine solch naseweise Person deshalb auch einen »Schnottenpatt« schelten.

Ein Trost sowohl für alle Karnevalisten als auch für alle Karnevalsmuffel: Weder die Session noch ein Schnupfen dauern ewig; schon bald werden die Narren die Straßen ebenso wieder freigeben wie der Schnotten die Atemwege. Also dann: Altenhagen Alaaf und Heepen Helau!

Knüpp

Bedeutung: *Knoten*

Anwendungsbeispiel: »Käar, is das friemelich – ich habb'en Knüpp im Schuhband. Da bin ich getz schon ne Vieatelstunde ohne Resulotat dran am rumknibbeln.«

Den alten Germanen verdanken wir eine ganze Menge. So verhinderten sie durch ihren Sieg über die Römer in der Varusschlacht, dass Latein zur Verkehrssprache in Mitteleuropa wurde. Wenn an Bielefelder Schulen wie dem Rats- oder dem Ceciliengymnasium heute trotzdem noch Latein gelehrt wird, ist das mit der geringen Cherusker-Quote in der Kultusministerkonferenz zu erklären.

Zugegeben, mit ihrem Sieg verhinderten die Germanen ebenso den Bau von Aquädukten, Badehäusern, Schulen, Bibliotheken und Theatern und sorgten dafür, dass die Menschen in Mitteleuropa weiterhin fellbehangen und Keulen schwingend einer Wildschweinrotte hinterherjagen mussten, anstatt zum Abendessen in eine lauschige Taverne einkehren zu können. Doch genauer betrachtet ist die angebliche Kulturlosigkeit unserer Vorfahren nur ein böses Gerücht. Denn Arminius und Co. schenkten uns viele unermesslich wohlklingende Wörter, auf die ebenso viele Begriffe unserer heutigen Sprache zurückgehen.

Eine besonders schöne Wortsippe ist die umfangreiche Gruppe germanischer Wörter, die mit »kn« anfangen. Ihnen ist gemein, dass sie etwas mit »zusammendrücken, pressen, klemmen, ballen« zu tun haben: Knödel, Knospe, Knorpel,

Knauf und Knopf haben dieselbe sprachgeschichtliche Wurzel wie knüllen, knautschen, kneten, knutschen und knuddeln. Und da wir langsam auch zum Thema dieser Lektion kommen müssen, auch der Knoten. Und weil man mit einem Knoten zwei Seilenden ver*knüp*fen kann, heißt der Knoten in Westfalen Knüpp. So einfach kann Linguistik sein.

Ein Anwendungsbeispiel für den Alltag führt uns – wie auffallend häufig – an eine Kneipentheke. In der Schankwirtschaft »Im feuchten Eck« wird der alte Brönninghaus gefragt, warum er sich einen Knoten ins Taschentuch gemacht habe. »Der soll mich daran erinnern, dass ich ab getz keine Kuarzen mehr trinken daaf – hat mir nämmich der Doktoar veaboten«, ist seine Antwort, die allgemeine Verwunderung auslöst. »Du und keine Kuarzen mehr? Du hass dir aber doch eben noch einen Steinhäger und einen Patthorster genehmicht!« Worauf Brönninghaus, durchaus schuldbewusst, sein Verhalten erklärt: »Jau, ihr habt ja recht. Aber ich bin das nich in Schuld! Ich seh den Knüpp ja immer earst, wenn ich mir nachem Trinken den Mund afwischen will!«

Hucke

Bedeutung: *(krummer) Rücken*

Mit der Hucke kann man drei Dinge machen:

1. Man kann sie volllügen: »Woran erkennsse, dass dir'n Polittiker die <u>Hucke</u> volllücht? Er bewecht die Lippen!«

2. Man kann sie sich volllaufen lassen: »Trinksse'n Kuazen mit?« – »Bisse wahne? Erssens trink ich überhaupt gaar nich, zweitens is heut der Stäabetach von meiner Mutta, da trink ich schon ma ears recht nix, und drittens habbich mir ears heut mittach die <u>Hucke</u> volllaufen lassen – da bin ich noch total tüddelich von in' Brägen.«

3. Man kann sie vollkriegen: »Hömma, wennde noch eima behauptess, ich wäar'n leicht reizbarer Schlägertyp, dann krisse aber ma so richtich die <u>Hucke</u> voll, das kannse aber ma glaum!«

Die Hucke bezeichnet eigentlich einen Rückenkorb, wie ihn in Westfalen Händler und Kaufleute zum Transport ihrer Ware benutzten – so wie die Bielefelder Leineweber, die darin ihr Leinen aus dem Umland zur Begutachtung und zum Handel nach Bielefeld brachten, oder das Münsteraner Pendant, die Kiepenkerle, die als reisende Händler ebenfalls einen Korb auf ihrem Rücken trugen. Dieser Tragekorb, Kiepe oder eben Hucke genannt, brachte den umherziehenden Händlern die Berufsbezeichnung »Huckler« ein. Aus den Hucklern wurden die »Hök(l)er«, noch um 1900 ein gängiger Begriff für Markthändler und Hausierer, die etwas »verhökerten« – womit wir ganz nebenbei auch die Herkunft dieses Wortes geklärt hätten. Unsere Nachbarstadt Herford feiert seit 1973 jedes Jahr das Hoeker-Fest und hat dem letzten Handweber, Höker und Huckenträger der Stadt, Fritken Oberdiek, ein Denkmal auf dem Linnenbauerplatz gesetzt.

Da die markenbewussten Jugendlichen heute nur noch »Eastpak«-Rucksäcke kaufen, ist die Hucke als cooler Taschenersatz im Schul- und Freizeitbereich zunehmend aus der Mode gekommen. Höchstens Winzer tragen noch etwas Ähnliches (die sogenannte Butte), aber ausgerechnet in diesem Berufsstand sind Arbeitsplätze in Bielefeld traditionell knapp (siehe Exkurs »Weinkultur am Teuto« auf der nächsten Seite). So ist die Hucke als Gepäckstück heute nahezu unbekannt, stattdessen haben wir bei Anwendung des Wortes einen Rücken vor Augen – und zwar nicht irgendeinen, sondern vorrangig den eines Huckenträgers, also einen krummen Rücken.

Sollte ein volltrunkener Berufsboxer damit drohen, Ihnen »die Hucke vollzuhauen«, so sollten Sie sich also um eine Entschärfung der Situation bemühen. Ihr Hinweis »Welche Hucke?! Ich besitze doch gar keinen historischen Rückenkorb« hätte mutmaßlich keine deeskalierende Wirkung. Schlimmer noch: Ihre Äußerung zeugte von einer verhängnisvollen Fehleinschätzung der eigenen Besitzverhältnisse. Denn Ihren Rücken werden Sie ja voraussichtlich dabeihaben – sollte der bislang nicht krumm sein, spätestens nach dieser Antwort wäre er es …

Weinkultur am Teuto:
Schildescher Spätlese

Weinmarkt in Gütersloh, Weindorf in Herford, Weinfest in Halle – wüsste man es nicht besser, könnte man meinen, neben den traditionellen Weinregionen wie Mosel-Saar-Ruwer und der Hessischen Bergstraße hätten sich Werre-Ems-Lutter und Teutoburger Südhang als neue Anbaugebiete etabliert. Doch es sind Winzer aus dem südlichen Deutschland, die ihre Weine auf dem jährlichen Weinmarkt am Alten Markt in Bielefeld ausschenken – und verkaufen. So entsteht eine desaströse interregionale Handelsbilanz. Unser sauer verdientes Geld fließt seit Jahren für wesentlich weniger saure Weine komplett nach Rheinhessen, Baden und Franken ab. Das darf so nicht weitergehen! Was wir brauchen und fordern sind parallel stattfindende Veranstaltungen in Baden-Württemberg und Rheinland-Pfalz, die ganz im Zeichen ostwestfälischer Erzeugnisse stehen.

Spätestens im nächsten Jahr sollte also zum Beispiel der erste Bad Dürkheimer Schnapsmarkt ausgerichtet werden. Dort könnten die Pfälzer im Schatten der Reben leckeren Steinhäger und andere edle Tropfen wie die »Bielefelder Luft«, den »Patthorster Waldgeist« oder das »Heimatwasser« probieren. Und die heimischen Gastwirte böten Möpkenbrot, Pumpernickel und Püfferken dazu an, gerne auch Tiefkühlpizza, Kuchenmischungen und Prinzessin-Lillifee-Cremepudding.

Sollten sich die Winzer aber weigern, unsere Produkte in ihren Weinanbauregionen zu vermarkten – dann … ja, dann können wir das auch nicht ändern. Mit einem Wein-Boykott könnten wir nicht drohen, sind wir doch auf Importe angewiesen. Im Stadtgebiet Bielefeld fehlt es ganz einfach an der nötigen Infrastruktur, um Qualitätsweine wie die Schildescher Spätlese oder Kirchdornberger Kabinett in der nötigen Menge zu erzeugen: Es gibt zu wenige Sonnentage, es herrscht gerade im Innenstadtbereich ein eklatanter Mangel an Steillagen, und den Bielefelder Bürgermeistern wäre die Doppelbelastung als Weinkönig nicht länger als eine Legislaturperiode zuzumuten. Zumindest kurzfristig kann der Dornberger den Dornfelder nicht ersetzen. Also: Auf zum Weinmarkt! Und was die desaströse Handelsbilanz angeht – sei's drum. Spätestens ab der zweiten Flasche Spätburgunder ist einem alles außer der dritten Flasche sowieso egal …

Huckel und Huppel

Bedeutung: *kleine Erhöhung, Bodenwelle*

Anwendungsbeispiel: Kommentar zu den Straßenbauarbeiten an einer Bielefelder Ausfallstraße: »Ständich sindse anner Detmolder zugange, die is mittlerweile <u>huckelich</u> wie ne Buckelpiste. Manche <u>Huppels</u> sind sonne Kawenzmänner – da köntessen Gipfelkreuz aufstelln!«

Bereits im ersten Band unseres Sprachkurses lernten wir den Pömpel als praktischen Ersatzbegriff für eine ganze Reihe pfahlartiger Durchfahrsperren kennen, die sprachlich außer Verkehrsplanern niemandem zuzumuten sind (s.»Straßenbegrenzungspfosten«). Ähnlich flexible Zauberwörter sind Huppel und Huckel.

Sie bezeichnen das, was speziell vor Ausfahrten und Einmündungen bei z.B. Kindergärten auf den Straßenbelag montiert wird und so aussieht, als krieche ein feuerwehrschlauchdicker Wurm unter der Asphaltdecke her. Die offiziellen Bezeichnungen dafür sind so silbenverschwenderisch wie das Wort silbenverschwenderisch selbst – sie lauten Fahrbahnschwellen, Geschwindigkeitsregulierer oder Tempodämpfungselemente. Auch was insel- statt wurmförmig auf der Straße montiert ist, trägt keine griffigeren Namen, sondern heißt offiziell Plateauaufpflasterung oder Euronormkissen.

Alles schöne Wörter, wenn man Glücksrad oder Galgenmännchen spielen will, aber im Straßenverkehr völlig unbrauchbar. Wer ruft schon als Beifahrer seinem Chauffeur zu: »Achtung, da vorn liegt ein Tempodämpfungselement!«? Zwar gibt es umgangssprachliche Ausdrücke für die verkehrsberuhigenden Maßnahmen, wie zum Beispiel Achsenverschleißbeschleuniger, GTI-Bremse und »liegender Polizist«. Der Bielefelder jedoch ersetzt all diese Wortungetüme durch »Huppel« oder »Huckel« – je nachdem, ob sein soziales Umfeld »Huppel« oder »Huckel« sagt.

Sowohl Huppel als auch Huckel lassen viele Fahrzeugbesitzer cholerisch werden. Andere, wie z.B. BMX-Fahrer, freuen sich darüber. Auf einem huckeligen Waldweg im Teuto huppeln sie begeistert über Stock und Stein, über Baumwurzeln und was sich sonst noch von der Grasnarbe abhebt. Um den Spaß zu komplettieren, brauchen sie aber auch das Gegenteil – eine Kuhle. Dazu mehr in der nächsten Lektion.

Kuhle

Bedeutung: *Mulde, Furche, Grube, Rille*

Anwendungsbeispiel: In der Küche:»Uchuttuchut, hier siehts ja aus wie nacha Explusion bei Doktoar Oetker! Wollteste wieder den Teich ohne Schüssel kneten? Dann muss du in dem Mehlhaufen natüarlich erss 'ne Kuhle inner Mitte machen, bevoar du die Eier dabeituhss. Getz liecht der ganze Klumpatsch auffen Boden, du Töffel!«

In der letzten Lektion lernten wir die Begriffe Huppel und Huckel kennen – wobei »kennenlernen« vielleicht zuviel gesagt ist, denn nördlich des Weißwurst-Äquators gehören diese beiden Wörter durchaus zum aktiven Wortschatz. Auch das Gegenteil eines Huckels ist kein Bielefelder Spezialbegriff, sondern in ganz Norddeutschland gebräuchlich: die Kuhle.

Ein Anwendungsbeispiel aus dem Bereich der Jugendsprache findet sich in den gereimten »Kindersprüchen«, die immer mal wieder auf den Grundschulhöfen kursieren und von den Lehrern als »ebenso geschmack- wie witzlos« kritisiert werden, aber einem Sechsjährigen Seitenstechen vor Lachen bescheren (die Popularität drittklassiger Zweizeiler bei Erstklässlern hängt unmittelbar mit den Missfallensbekundungen der Lehrkörper zusammen). »Alle Kinder gehen zum Friedhof – nur nicht Hagen, der wird getragen«, heißt einer dieser Sprüche, und eine Abwandlung davon lautet: »Alle Kinder gehen zum Friedhof – nur nicht Jule, die liegt in der Kuhle.«

Das zeigt, wie vielseitig die Kuhle verwendet werden kann.
Man findet sie nicht nur in Begräbnisstätten, sondern auch
im Braker Rassekaninchenzuchtverein »W56 Edle Zucht
Bielefeld e.V.«: »Oppen Karnickel zu fett is, fühlsse am besten
in der Kuhle hintern Ohr – da dürfen keine Schmülleken
sein.« Oder im Schlafzimmer: »Kär, lass ma nach Zuabrüg-
gen hin, wir brauchen ma wieder ne neue Matratze. Beier
alten liech ich immer so inner Kuhle.« Oder bei modebe-
wussten Ehefrauen, die ihren Männern jegliches Stilgefühl
absprechen: »Nä, was siehsse schlunzich aus – als wärsse
inne Mistkuhle gefalln!« Leider findet man die Kuhle auch
in einer Werbebroschüre der Landesvereinigung Milchwirt-
schaft, die sich einen erhöhten Absatz ihrer Produkte von
dem furchtbaren Wortspiel »Milch – eine kuhle Erfrischung«
erhofft. Aua!

Daneben gibt es dann aber doch noch eine typisch ostwestfälische, allerdings auch etwas saloppe Redewendung: Über
jemandem, der humpelt und hinkt, sagt man »Er tritt inne
Kuhle«. Ein ähnlich anschauliches Bild findet sich in Cartoons, in denen über dem Kopf eines Unglücksraben selbst
bei strahlendstem Sonnenschein eine persönliche kleine
Regenwolke schwebt. So erzeugt die Redewendung »Er tritt
inne Kuhle« die Vorstellung, den Hinkenden verfolge eine
mobile Kuhle, die sich bei jedem Schritt unter seinen Fuß
schiebe. Unklar bleibt lediglich, warum sich die sprachliche
Alternative »Der tritt auffen Huckel« nicht durchgesetzt hat.

Speckdeckel

Bedeutung: *verösselte Mütze*

Anwendungsbeispiel: »Käar, Heinz, unter Freunden gesacht, du muss dir ma'n neuen Hut kaufen. Den de getz immer trächs is doch schon ganz flättich.« – »Mach ja sein, aber das gute Stück hat seine Voarteile. Meine Frau sacht nämmich immer: ›Heinz, solang du diesen <u>Speckdeckel</u> aufsetzt, geh ich nich mit dir aussem Haus!‹«

Die Kleidung eines unsympathischen Mitmenschen eignet sich hervorragend für ehrverletzende Äußerungen. Das gilt für Männer (»Dein Schneider hat wiaklich Humoar!« oder »Mit ihra Krawatte wüad ich mir nachem Unfall nich ma das appe Bein abbindn!«) wie für Frauen (»Schickes Kleid hamse an. Man schade, dass es das nich in ihra Größe gab« oder »Was praktisch! Bei *den* Klodden, die das dröge Puselchen so trächt, kannse sich die Pille spaan.«).

Auch der »Speckdeckel« ist nicht gerade ein freundliches Wort. Der »Speck« deutet unverblümt an, dass man die Kopfbedeckung seines Gegenübers für abgewetzt, siffig und verdreckt hält. Eine etwas subtilere Beleidigung ist der Wortbestandteil »-deckel«, der zunächst in der Tarnung eines neutralen Dingworts daherkommt. Doch da man einen Deckel zum Bedecken offener Behältnisse verwendet, unterstellt er dem Mützenträger, einen Hohlkopf zu haben bzw. einer zu sein.

Dabei wird der Speckdeckel fast ausnahmslos auf Herrenhüte bezogen. Damenhüte neigen einfach sowohl vom

Material als auch vom Design her weniger dazu, speckig zu werden. Man müsste bei einem Florentinerhut schon die Blumengarnitur durch eine Wurstplatte ersetzen, damit man ihn halbwegs als Speckdeckel bezeichnen kann. Ein Barett dagegen – eine typisch männliche Huttracht, die schon rein modisch wie eine Mischung aus Topflappen und Wurststulle daherkommt – oder auch eine Baskenmütze sehen nach längerem Tragen automatisch so aus, als hätte man sie in zerlassener Butter gebadet.

Wer aber meint, mit dem Begriff »Speckdeckel« ließen sich nur ältere Mitbürger ärgern, weil nur diese noch klassische Hüte tragen, der irrt. Teens und Twens tragen ebenso oft Speckdeckel. Was glauben Sie, wie viel Talg sich aus einem durchschnittlichen Basecap, einer Rasta-Mütze oder einem Biker-Kopftuch wringen lässt!

Köttel

Bedeutung: *1. Kotklümpchen, auch 2. kleines Kind*

Anwendungsbeispiel: »Da is ja das Ende von wech: Mäuse in meiner Küche! Ich dacht earst noch, was liegn da viele Rosinen auffem Boden, da seh ich: Das sind <u>Köttel</u>!«

Wenn es um verdauungsinduzierte Körperausscheidungen geht, stellt uns die deutsche Hochsprache ein nur als armselig zu bezeichnendes Vokabelangebot zur Verfügung. Also muss die Umgangssprache mal wieder die Drecksarbeit erledigen. Gut, dass Sie so fleißig Bielefelderisch büffeln! Denn wofür sich das Hochdeutsche zu fein ist, das formuliert der ostwestfälische Regiolekt mit seinem Sprachreichtum, ohne dass es anstößig wirkt.

Mit der Vokabel »Miege« zum Beispiel bezeichnet der Ostwestfale eine körpereigene Flüssigkeit, ohne dabei vulgär zu werden. Anwendungsbeispiel im Gasthaus: »Hönnsema, das Bier, wasse mir hier gebracht ham, hat aber aunoch kein' Kühlschrank von inn' gesehn. Die Plörre is ja miegenwaam! Muss man in ihrer Murksschenke erst 'nen Kaffee bestelln, um was Kaltes zu kriegn?«

Die »Mäse« steht für die Körperregion, aus der Köttel in die Außenwelt gelangen. Trotzdem kann das Wort sogar im Businessgespräch zwischen Dienstleister und Kunde verwendet werden, zum Beispiel beim Uhrmacher: »Ihre Uhr is feddich.« – »Prima, dass Sie sie so schnell reparieren konnten.« – »Nää, ehm nich! Ich sach doch, die Uhr is *feddich* – die is inne Mäse!«

Auch der »Köttel« ist nicht im Duden verzeichnet. Dort findet man lediglich den »Kötel«, aber den hat ja hierzulande nun wirklich noch nie jemand gehört, geschweige denn gesprochen. So lässt sich in Wörterbüchern auch nicht die zweite Bedeutung des Köttels nachlesen, nämlich die durchaus liebevolle Bezeichnung für ein Kleinkind: »Das is ja man süß, wenn das kleine Köttelchen mit den viel zu großen Puschen von sein Papa übearn Fluar tapert!«

Ein »Frostköttel« ist demnach eigentlich ein frierendes Kind, der Begriff wird aber mittlerweile auf kälteempfindliche Menschen aller Altersstufen angewendet (siehe die nächste Lektion). Denn was macht es schon, ob jemand 5 oder 50 Jahre alt ist – für jemanden, der im Herzen jung geblieben ist, sind Diskussionen um das Alter doch nur bedeutungslose Kleinigkeiten. Oder besser, weil auf Bielefelderisch gesagt: Köttelkram.

Frostköttel

Bedeutung: *kälteempfindlicher Mensch*

Es gibt Leute, die meinen, im Süden sei die Lebensqualität höher als in Bielefeld – eine streitbare Meinung. Verl zum Beispiel liegt südlich von Bielefeld. Wer glaubt, dort erwarte ihn »la dolce vita«, kann ja gerne dorthin ziehen – wir warnen aber vor Enttäuschungen und können davon nur abraten, zumal Sie als Neubürger ja ohnehin gerade erst umgezogen sind und es doppelt schade wäre um die Fortschritte, die Sie bislang in unserem Sprachkursus »Bielefelderisch« gemacht haben.

Zugegeben, meist ist mit »dem Süden« eher Bayern oder die Toskana gemeint. Dort ließe es sich angeblich schon deshalb besser leben, weil die Sonne öfter scheine und es wärmer sei. Nun ist das Temperaturempfinden aber etwas Subjektives. Man darf halt nur nicht zugeben, dass man am Teuto Dreiviertel des Jahres friert, und schon steht der Italien-Urlauber als verweichlichter Schattenparker da. Behauptet man trotz Minustemperaturen hartnäckig, dass einem mollig warm ist, dann bricht das Argumentationsgerüst der Sonnenanbeter wie ein morscher Liegestuhl in sich zusammen. Dann hat Malle plötzlich nicht viel mehr zu bieten als Milse. Im Winter handelt der Bielefelder deshalb wie folgt:

Bei +5°C: Der Bielefeld Mieter dreht demonstrativ die Heizung ab. Zumal er sich darauf verlassen kann, dass seine zugezogenen, kälteüberempfindlichen Mitbewohner über, unter und neben ihm die Heizungen voll aufdrehen und das Haus warm halten werden.

-1°C: Der Atem wird sichtbar. Die Katze will mit ins Bett. Der Bielefelder kauft sich im Café Knigge ein Eis und bestellt sich auf dem Weihnachtsmarkt am Alten Markt ein kühlendes Bier.

-4°C: Es schneit. Die Katze will mit in den Schlafanzug. Italienische Autos springen nicht mehr an. Der Bielefelder beschwert sich bei der Stadt, warum das Wiesenbad schon geschlossen habe.

-10°C: Der Atem wird hörbar. Deutsche Autos springen nicht mehr an. Der Bielefelder geht in den Bürgerpark, um dort am Teich die Pinguine zu füttern. Vor der benachbarten Oetkerhalle gibt der Bielefelder Kinderchor ein Open-Air-Konzert.

-25°C: Selbst japanische Autos springen nicht mehr an. Glücklich, wer aus Oldentrup stammt und noch einen Trecker als Zweitwagen besitzt. Arminia sagt alle Hallenturniere ab und beginnt an der Friedrich-Hagemann-Straße mit dem Training für die Rückrunde.

-39°C: Quecksilber gefriert. Der Bielefelder schließt den obersten Hemdknopf – was ihm etwas peinlich ist, weil die hier stationierten Briten noch immer im T-Shirt herumlaufen. Die Oetker-Eisbahn erwägt zu öffnen, »falls das Wetter sich halte«.

-120°C: Alkohol gefriert. Der Bielefelder wird nöckelig.

-273°C: Absoluter Nullpunkt. Keine Bewegung der Elementarteilchen. Der Bielefelder gibt auf nachdrückliche Befragung zu, dass es in letzter Zeit etwas abgefrischt habe, bestellt sich als Gegenmaßnahme zwei Steinhäger und betitelt jeden, der sich angesichts eines Blizzards in Brackwede an die Riviera wünscht, als »frisseligen Frostköttel!«

Warum es am Ende aber doch lohnt, die Stadtgrenzen Bielefelds wenigstens einmal im Jahr hinter sich zu lassen, verrät Ihnen der folgende Exkurs.

Frei verbielefelderisch nach einer bekannten Internet-Vorlage eines (mir) unbekannten Klimaforschers – dem Autor Dank und Respekt!

Warum der Bielefelder Urlaub macht:
Kirchdornberg statt Cote d'Azur

Dass Sommer ist, merkt man in Bielefeld normalerweise
allein daran, dass der Regen wärmer wird – wenn überhaupt; der letzte Sommer zum Beispiel war der kälteste
seit dem Hungerwinter 1946. Ganz anders war das 2006:
Im WM-Sommer hatte sich mancher Bielefelder in die
Sahara gewünscht – rein zur Abkühlung. Die Palmen im
Teutoburger Wald gediehen prächtig. Eis wurde in den
Restaurants als Sättigungsbeilage angeboten, und dass die
Bielefelder Solarien überhaupt noch Kunden hatten, lag
allein daran, dass man auf der Liegewiese des Wiesenbads
nicht mal mehr einen Stehplatz fand.

Trotzdem zieht es jedes Jahr in den Ferien tausende Bielefelder Touristen in den »sonnigen Süden« (wobei »Süden«
ein relativer Begriff ist – für einen Flensburger zum Beispiel liegt selbst Bielefeld quasi schon am Mittelmeer).
Warum nur? Klar ist es schöner, am Ende der Ferien auf
die Fragen der Kollegen, wo man denn den Urlaub verbracht habe, mit »drei Wochen Cote d'Azur, drei Wochen
Costa Brava« antworten zu können als mit »sechs Wochen
Sennestadt«, zumal letzteres fast wie das Strafmaß bei einer
Urteilsverkündung klingt.

Auf der anderen Seite ist eine Ferienreise noch immer die
kürzeste Verbindung zwischen zwei Gehältern, und der
Versuch, dem Nachbarn zu entgehen, endet oft genug damit,
dass dieser im Strandkorb nebenan sitzt. Es gibt aber trotzdem einen guten Grund, wegzufahren: Genau so, wie man

die anstrengende Beschäftigung des Urlaubs erst zu genießen beginnt, wenn sie vorbei ist, lernt man auch Bielefeld erst richtig lieben, wenn man woanders war. Zugegeben, das Lieben fällt nach einer Heimkehr aus Eisenhüttenstadt oder Wattenscheid etwas leichter als nach einem Urlaub in Rimini oder Malaga. Trotzdem: Das Heimkommen nach Bielefeld bleibt das Schönste am Wegfahren!

Mäse

Bedeutung: *unfeiner Ausdruck für Gesäß*

Anwendungsbeispiel: Plattdeutsche Variante des Spruchs
»Wer das glaubt wird selig«: »Wecker dat glöv un ssien
Bedde vearköfft, liecht medder blanken <u>Mäse</u> in Strauh!«
(Wer das glaubt und sein Bett verkauft, liegt mit dem
nackten Hintern im Stroh.)

Wie der Köttel und die Miege, so ist auch die Vokabel dieser
Lektion in der hochdeutschen Übersetzung recht derb.
Umso schöner, dass es den mundartlichen Ausdruck gibt.
Stellen wir uns zur Veranschaulichung vor, während eines
Sektempfangs im Tomatissimo fällt dem Kellner ein Glas
zu Boden. Inhaltlich richtig, aber mit gängigen Benimm-
regeln unvereinbar wäre nun beim Anblick der Scherben
Ihre Feststellung, das Glas sei »offensichtlich im Arsch« (Sie
entschuldigen den Ausdruck, er dient hier dem höheren Ziel
der Weiterbildung). Formulieren Sie denselben Sachverhalt
auf Ostwestfälisch – nämlich mit den Worten »Dat Glass
issa nu wo' inne Mäse« –, so ist ihnen kein gesellschaftlicher
Fauxpas vorzuwerfen. Die ortsansässigen Gäste freuen sich
über den Gebrauch einer heimischen Redewendung, und
alle anderen haben gar nicht erst verstanden, was Sie da
gerade gesagt haben.

Zu der Vokabel gibt es eine unglaubliche Geschichte, für
die sich aber ein Verwandter der Beteiligten verbürgt. Sie
passierte in den 1920er Jahren in Bielefeld. Unterhalb der
Sparrenburg stand damals das Lokal »Berglust«, wo eines

Winterabends eine Hochzeit gefeiert worden war. Die dafür engagierten Musiker – ein Klavierspieler, ein Geiger und ein Bassist – hatten fröhlich aufgespielt und dabei natürlich auch »dearbe ein'n gepichelt«. Erst in den frühen Morgenstunden machten sie sich auf den Heimweg.

Der Klavierspieler war dabei fein raus, gehörte doch sein Instrument zum Inventar des Lokals. Doch Geiger und Bassist mussten ihr Instrument nach Hause tragen. Gar nicht so einfach, wenn draußen alles gefroren und man selbst dudeldicke ist. So kamen sie auch nicht weit. Direkt auf der abschüssigen und spiegelglatten Spiegelstraße rutschte der Bassist, der sein Instrument auf dem Rücken trug, der Länge nach aus und saß auf seinem gebrochenen Bass. Seine beiden Kumpel beömmelten sich: »Nu ist der Bass inne Mäse!« Woraufhin der Bassist richtigstellte: »Nää, de Mäse iss in' Bass!«

Vor der nächsten Lektion waschen Sie sich bitte den Mund mit Seife aus. Umso mehr, als wir dann ein Bielefelder Grundnahrungsmittel behandeln: das Bütterken.

Bütterken

Bedeutung: *Butterbrot*

Anwendungsbeispiel: Jugend forscht: »Wenn son <u>Bütterken</u> immer mitta beschmierten Seite nach unten fällt, und sonne Katze immer auf ihre Foten landet – was passiert dann eigentlich, wenn ich dem Katzenviech oarntlich Butter ins Fell schmiere und vom Baum schuppse?«

Das Bütterken ist die westfälische Sprachvariante des Butterbrotes, das hier zunächst zu »Butta« verkürzt (»Schmiersse mich'en Butta, Mutta?«) und dann nach der Ken-Methode verkleinert wurde. Doch auch ein kleines Bütterken hinterlässt große Flecken, wenn es vom Küchentisch rutscht: Es scheint nach dem »Gesetz der selektiven Schwerkraft« immer mit der Butterseite nach unten zu fallen. Eine leicht abgewandelte Theorie besagt, die Wahrscheinlichkeit, dass das Brot mit der beschmierten Seite nach unten landet, stehe im direkten Verhältnis zum Wert des Teppichs.

Dabei hat die Wissenschaft längst festgestellt: Ob unten ein PVC-Belag oder ein Perserteppich wartet, ist dem Brot egal, allein auf die Fallhöhe kommt es an. Bei der gängigen Küchentischhöhe von 75 Zentimetern schafft das Bütterken auf seiner Reise zum Boden eben nur eine halbe Drehung. Wer sein Marmeladenbrot fleckenfrei fallen lassen möchte, braucht also bloß von einem doppelt so hohen Tisch zu essen.

Passend zu dieser Lektion erreicht uns eine aktuelle Nachricht von der Centralen Marketinggesellschaft der Agrarwirtschaft (Werbespruch: »Bestes vom Bauern«). Die CMA weist auf die steigende Nachfrage nach Bäckereierzeugnissen hin. Speziell bei jungen Leuten erfreuten sich Backwaren zunehmender Beliebtheit; selbst in Diskotheken seien Bagel, Wraps und Tortillas total angesagt. Doch was fehlt auf der Rangliste populären Partyproviants? Völlig zu Unrecht das bewährte Bütterken!

Die CMA hat das Problem erkannt: »Gerade als schneller Snack ist der Retro-Klassiker Butterbrot ideal«, so wirbt sie und macht durch die raffinierte Wortwahl der Jugend das Bütterken wieder schmackhaft: So uncool ein Leberwurstbrot ist – mit einem »Retro-Klassiker« in der Hand kann man sich jederzeit auf der Tanzfläche sehen lassen. Dieser Trick ist auch für Eltern jüngerer Kinder interessant: Wenn Ihre Blagen das nächste Mal ihr Pausenbütterken nicht mit in die Schule nehmen wollen, verkaufen Sie ihnen die Stulle als Trendgebäck oder angesagten Fingerfood-Hit. Sie werden vor lauter Bütterkenschmieren nicht mal mehr dazu kommen, die Nutellaflecken aus dem Flokati zu entfernen.

Zusatzvokabel: Hasenbütterken

Als Hasenbütterken bezeichnet man Butterbrote, die z.B. von der Arbeit oder einem Ausflug wieder mit nach Hause gebracht und dann umso genüsslicher am heimischen Küchentisch verzehrt werden. Oft isst man »überkreuz«, d.h. der Vater vertilgt abends die von den Kindern verschmähten Schulbrote, während die Kinder begeistert zu Vaters aus Zeitnot unangetasteten Frühstücksstullen greifen.

Hasenbütterken erkennt man an der harten Kruste und den sich nach außen biegenden Kanten, am glasigen Käserand und dem bunt schillernden Schinken. Der Belag ist frei wählbar, jedoch scheiden Mett, rohe Eier und doppelt aufgewärmter Spinat unter ernährungshygienischen Gesichtspunkten als Hasenbütterkenbelag aus. Warum Bütterken, die den Tag in Tornistern, Aktentaschen und Rucksäcken verbracht haben und nach dem Motto »Morgens geschmiert, abends probiert« vertilgt werden, so unvergleichlich gut schmecken, bleibt ein Rätsel – ebenso wie die Herkunft des Namens.

Rührt die Bezeichnung »Hasenbütterken« daher, dass Rundbrote, wenn sie sich nach einem Tag in der 40 Grad warmen Schulranzenvortasche durchgebogen haben, den Löffeln (Ohren) von Hasen gleichen? Wesentlich nachvollziehbarer klingt die Erklärung, die übrig gebliebenen Bütterken seien früher von der nutztierhaltenden Landbevölkerung Ostwestfalens an Stallhasen verfüttert worden. Das Grimm'sche Wörterbuch wiederum weiß zu berichten: »Hasenbrot ist ein Kinderwort für Brot, das der Jäger nicht auf der Jagd verzehrt, sondern in seiner Jagdtasche wieder mit nach Hause bringt und als vom Hasen herrührend den Kindern gibt.«

Latüchte

Bedeutung: *Laterne, Lampe*

Anwendungsbeispiel: »Käar, was isses duster hiear, mama die Latüchte an!«

Da war also dieser römische Legionär, der irgendwie das Gemetzel der Varusschlacht heil überstanden hatte, sein Schwert gegen einen Pflug eintauschte und im nördlichen Osnabrücker Land eine nette und für ihre Zeit ungewöhnlich emanzipierte Bauerstochter zur Frau nahm. Als Eheleute führten die beiden fortan den Doppelnamen Maximus-Piepenbrink; ihre zwei Kinder nannten sie Flavius-Hinnerk und Frauke-Octavia.

Der elterliche Hof wurde zu klein, die Familie musste umziehen – aber wohin? *Sie* wollte nach Bramsche, *er* nach Brescia, der Kompromiss hieß Brake. Dort gründeten sie eine Lampion-Manufaktur, was sich langfristig leider als wirtschaftliche Fehlentscheidung erwies (Stichwort »das finstere Mittelalter«). So verliert sich die Spur der Maximus-Piepenbrinks trotz ihrer Laternen-Fabrikation im Dunkel der Geschichte …

Zugegeben, diese Begebenheit ist nicht in allen Details wissenschaftlich belegt. Allerdings erklärt sie schlüssig und befriedigend, wie sich eine sprachhistorische Kuriosität wie die »Latüchte« in Bielefeld etablieren konnte – ist die Latüchte doch ein eigentümlicher Vokabelmix aus der lateinischen »laterna« und der plattdeutschen »Lüchte«, also quasi Römisches Platt bzw. plattdeutsches Latein, wie es im Hause der Maximus-Piepenbrinks gesprochen worden sein mag.

Oder auch nicht. Was kümmert uns die sprachgeschichtliche Entstehung des Wortes, wirklich wichtig für unseren Kursus ist allein der heutige Gebrauch. Und da müssen Sie wissen, dass Sie mit »Latüchte« nicht nur die ursprünglich gemeinten Laternen und Leuchten bezeichnen können, sondern die unterschiedlichsten Lichtquellen: von der Fahrradlampe (»Bisste lehmsmüde!? Um halb siehm ahms Fahrrad fahren ohne Latüchte an – so wiarsse nich alt!«) über den Autoscheinwerfer (»Hömma, die linke Latüchte von deiner Nuckelpinne ist inne Dutten!«) bis zum kristallbehangenen Kronleuchter (»Letz-

tens ham wa eintach Schloss Bückebuarch besucht – Junge, Junge, da hammse ganz nette Latüchten anna Decke baumeln.«).

Wo Licht ist, sind auch Kurzschlüsse. Doch auch bei einem Blackout findet das Wort Anwendung – zum Beispiel am Neujahrstag: »Käar, gestean habbich aber ganz schön ein' inna Latüchte gehabt…«

Pläte

Bedeutung: *Glatze*

Anwendungsbeispiel 1: Zeugnistag in der Grundschule Schröttinghausen-Deppendorf. Lehrer Homann meint tadelnd zum kleinen Leon: »Wenn dein Vater dein Zeugnis sieht, bekommt er sicher graue Haare.« – »Oh, da wirta sich aber freun, dassa seine <u>Pläte</u> endlich los is.«

Anwendungsbeispiel 2: Gerührt betrachtet Frau Milsentrup alte Familienfotos. Die kleine Lara schaut ihr dabei über die Schulter. »Wer is denn das Zissemännken mit den Locken?«, fragt sie ihre Mutter. »Aber Kind!«, meint diese erstaunt. »Ja haste Woarte – erkenns du ihn denn nich? Das is doch Papa!« – »So …? Und wer is dann der Dicke mit der <u>Pläte</u>, der bei uns wohnt?«

Einige nennen sie bewundernd »Nacktkultur auf höchster Ebene«, die anderen Bielefelderisch-schlicht »Pläte«: die sich weit über den Schädel fortsetzende Stirn, die besonders Männer ab dem besten Alter aussehen lässt, als hätten sie sich mit dem Rasierapparat gekämmt. Wobei so manch männliche Lockenpracht schon viel früher Ha(a)rakiri begeht: Der Autor dieser Zeilen zum Beispiel bekam schon im Jugendalter Geheimratsecken und sah bei der Abschlussfeier in der Schule drei Jahre älter aus als seine Klassenkameraden – was allerdings auch daran lag, dass er tatsächlich drei Jahre älter war als die anderen.

Die Pläte heißt Pläte, weil sie auf das Griechische »platýs« zurückgeht, und das bedeutet »flach, eben, weit oder ausgedehnt« – dem ist kaum noch etwas hinzuzufügen. Schon im Althochdeutschen bezeichnete die »platta« sowohl eine Platte als auch die Tonsur, die geschorene Stelle auf dem Scheitel der Mönche als Zeichen ihrer Zugehörigkeit zum Klerus.

Wie auch die mittelalterlichen Mönche, bei denen der kahle Kopf eine ehrenvolle Auszeichnung war (Novizen durften sich nur eine münzgroße Minipläte scheren, während beim Papst lediglich ein schmaler Haarkranz über der Stirn stehen blieb), so ist auch heute die Pläte nicht zwangsläufig negativ besetzt. Denn wer nichts mehr auf dem Kopf hat, hat vielleicht umso mehr drin – wie die Plätenträger in den USA, die 1974 den Glatzköpfigenklub »Bald-Headed Men of America« gründeten. Mitglieder wie Schauspieler Yul Brynner, Kojak-Darsteller Telly Savalas und US-Präsident Gerald Ford propagierten voller Stolz das Klubmotto »Bald is bold« (wörtlich »kahl ist verwegen/wagemutig«, auf neudeutsch würde man wohl sagen »kahl ist cool«). Sie waren sich sicher: Ein schönes Gesicht braucht Platz.

In Bielefeld sind Männer mit genetischer Veranlagung zur Pläte ganz besondern beliebt, sichern sie doch zahlreiche Arbeitsplätze. Das heimische Unternehmen Dr. Wolff Arznei-

mittel bietet unter dem Slogan »Doping (nur) für die Haare«
zahlreiche Shampoos und Tinkturen für die Pflege und den
Erhalt ihrer Haarpracht an. Doch Dr. Wollfs Alpecin in allen
Ehren – der beste und wirksamste Schutz gegen Haarausfall
bleibt noch immer: die Pläte …

Gubiläum

Es ist schade, dass die schöne Bielefelder Eigenart, in einigen Wörtern anstelle eines »J« ein »G« auszusprechen, mittlerweile auch von Einheimischen weitgehend vernachlässigt wird. Einen Satz wie »Die Göllenbecker Dorfgujend gauchzte und gubelte aufem Gohannisberch« hört man heute leider nur noch selten. Verschärfend kommt dabei natürlich hinzu, dass der Jöllenbecker Nachwuchs von wenig extatischem Naturell ist – so leicht jauchzt und jubelt der ohnehin nicht. Und wenn doch, dann ist er nicht so bekloppt und kraxelt dafür den Teuto rauf.

Auch das »Ch« anstelle eines »G« ist kaum noch zu vernehmen. Sätze wie »Chustav ching innen Chaaten und bechoss die Cheranien« waren noch vor wenigen Jahrzehnten Bielefelder Klassiker. Das Ende dieser Lautverschiebung kam, wie das Sterben der Dialekte und Regiolekte prinzipiell, mit dem Erfolg des Radios und des Fernsehens, deren Protagonisten das Sendegebiet ausschließlich in Hochdeutsch beschallten und als »sprachliche Gleichmacher« wirkten.

Wir wollen mit der 75., der Gubiläums-Lektion auf diese Missstände hinweisen und werdende Eltern ermuntern, ihren Kindern wieder typische Bielefelder Namen zu geben, wie z.B. Gürjen, Cheorch, Chäada oder Görch.

Kabitt geben

Bedeutung: *Dampf machen, Druck ausüben, aufs Tempo drücken*

Anwendungsbeispiel: »Keär, diesen tranklötigen Drämelpott auffem Bauamt kommt nich inne Puschen mitte Genehmigung füars Gaatenhäusken.« – »Na, dann geh ma gleich moang früh nachen Amt hin und <u>gib</u> ihm oantlich <u>Kabitt</u>!«

Was hat Hunteburg, ein Dörfchen an der Grenze zwischen Niedersachsen und Ostwestfalen, was es in ganz Bielefeld nicht gibt? Hunteburg hat einen KBV – einen Karbid-Böller-Verein! Die (erstaunlicherweise alle männlichen) Mitglieder nutzen Karbid – die brennbare Verbindung aus Kohlenstoff und Metall, mit der früher Latüchten (Gaslampen) gespeist wurden – für ein schönes Lärmbrauchtum: Zu kirchlichen Anlässen wie Fronleichnam oder bei Hochzeiten feuern sie mit kleinen, vom Pastor gesegneten »Kirchenkanonen« Böllerschüsse ab.

Der Sparzwang kirchlicher Institutionen lässt befürchten, dass trotz dieses Vorbildes eine größere Bestückung Bielefelder Gotteshäuser mit Kirchenkanonen auch in Zukunft nicht erwogen wird. Dabei wäre durchaus Karbidböller-Know-how in der Region vorhanden. Denn die heimische Jugend (und nicht nur die) erfreute sich bis zum Ende der 1950er Jahre an der aus gutem Grund streng verbotenen Böllerei mit – Milchkannen!

Unweit von Bielefeld, genauer in Mastholte, konnte man 1954 Augen- und Ohrenzeuge einer besonders spektakulären Darbietung der Milchkannenkarbidböllerkunst werden. Die

damaligen Volksschulabgänger hatten aus einer Schweißer-
werkstatt einige Brocken Karbid entwendet, um am Morgen
der Entlassungsfeier ihren Lehrer Hollenbach angemessen zu
wecken. Die ganze Schulzeit über hatte dieser seinen Schülern
reichlich Kabitt gegeben (im übertragenen Sinne, d. h. »zu
Höchstleistungen angespornt«) – nun wollten die Pennäler mal
umgekehrt ihrem Pauker Kabitt geben (im wörtlichen Sinne,
d. h. »zeigen, dass sie zumindest in Chemie einige Grundkennt-
nisse erworben hatten«).

Dazu bohrten die Schüler ein winziges Loch in den Boden
einer Milchkanne. In die Kanne selbst gaben sie das Karbid,
das zur Vorbereitung auf die chemische Reaktion ange-
feuchtet wurde. Schließlich hielten die Milchkannen-
kanoniere ein Streichholz an die Öffnung im Gefäßboden, und
rumms! Mit einem lauten Donnerschlag (»sso richtich mit Kabitt!«) flog der Kannendeckel durch die
Luft, landete auf einem angrenzenden Kuhstall
und zerdepperte mehrere Dachpfannen.

Weitere Salutschüsse und Ehrensalven wurden durch
den Hofbesitzer unterbunden, der umgehend die Entmilitari-
sierung Mastholtes durchsetzte, den Milchkannenmörser konfiszierte
und als Reparationszahlung fünf

neue Dachpfannen festsetzte. Eine noch recht milde Strafe, denn natürlich war und ist das ungeübte Hantieren mit Karbid im wahrsten Sinne des Wortes brandgefährlich. Als Mitglied im KBV müssen Sie deshalb auch eine staatliche Erlaubnis zum Karbidböllern nach §27 des Sprengstoffgesetzes besitzen.

Apropos Böllerschüsse …

Schützenfeste in Bielefeld:
Die Königsmacher

In den Wochen zwischen Juni und August erscheint in Biele-feld, wie in ganz Ostwestfalen-Lippe, kaum eine Zeitungs-ausgabe, in der nicht über ein Schützenfest berichtet wird. Zugezogenen Neubürgern mag die doppelseitige Auflistung aller 200 Hofstaat-Mitglieder übertrieben erscheinen. Schnell ermüdet sie die – für die Einheimischen durchaus sehr wichtige – Berichterstattung über die genaue Route des Festmarsches, die Garderobe der Schützenkönigin und den voraussichtlichen Zeitpunkt des Polizeieinsatzes. Bei Journalisten sind solche Artikel jedoch recht beliebt, denn da Schützen bei ihren Festen gerne an Traditionen festhalten, lassen sich bequem die Texte vom Vorjahr übernehmen.

So läuft ein Schützenfest stets nach den selben strengen Regularien ab: Die Schützen ziehen zum Festplatz, um dort zu feiern, zu trinken und kartellrechtlich bedenkliche Ab-sprachen zu treffen. Nebenbei wird auch geschossen, wobei jeder versucht, den aufgehängten Adler nicht zu treffen. Wer das am Schlechtesten kann, wird Schützenkönig und darf umgehend bei seiner Bank einen Kredit in sechsstelliger Höhe beantragen (der sofort bewilligt wird, schließlich ist auch der Bankdirektor Schützenbruder); alle anderen freuen sich und bekommen vom neuen Schützenkönig fortan Freibier spendiert. Das ist allerdings auch bitter nötig, denn als Gegenleistung müssen alle Schützen ins Schützenzelt, wo eine Live-Band die musikalischen Lebenswerke von Wolfgang Petry und Andrea Berg zum Besten gibt – und das zu ertragen, ist nüchtern noch niemandem gelungen.

Gegen Mitternacht ruft dann traditionell ein Anwohner wegen Ruhestörung die Polizei – wahrscheinlich ein Zugezogener, der zudem keine Zeitung liest. Mit dem Einsatz der Beamten, die ohnehin alle neidisch sind, weil Schützen die schniekeren Uniformen tragen und öfter rumballern dürfen, endet dann das erfolgreiche Fest. Na dann: Wir sehen uns in Dornberg!

inne Dutten

Bedeutung: *kaputt, unbrauchbar*

»Wenn etwas <u>inne Dutten</u> geht, daaf man nich lang rumdameln, sondern muss sobutz was ausklamüsern, damit
wieder alles inne Fissen is.« Soweit die Definition, die klärt,
was es heißt, wenn etwas »inne Dutten« oder auch »inne
Dudden« ist. Aber wo genau ist das: »inne Dutten«? Auf
welchen ominösen Ort bezieht sich diese Redensart?

Das ist ungefähr die gleiche Frage, als würde man wissen
wollen, wo der Eimer aus der Redewendung »Es ist alles im
Eimer« steht. Der Eimer meint den Müll- und Abfalleimer,
der symbolisch ausdrücken soll, dass eine unbrauchbar
gewordene Sache entsorgt werden muss.

Nun ist der kippsichere Treteimer aus gebürstetem Edel-
stahl eine neuzeitliche Errungenschaft. Wenn in der mittelalterlichen Küche etwas zu Bruch ging, kam es in keinen
Eimer, sondern wurde auf den Haufen hinterm Kotten
geschmissen. Und der plattdeutsche Haufen ist ein Dutt –
die gleichnamige Frisur beschreibt nichts anderes als einen
»Haarhaufen«.

Wenn ein Haus in sich zusammenfiel, lag es »in Dutten«.
Wenn Wäsche oder Krimskrams ein unordentliches Knäuel
bildeten, lagen die Sachen »in een Dutten«. Schließlich wurde der Begriff nur noch auf »Kroppzeug« bezogen: Alles, was
man nicht mehr brauchen konnte, kam inne Dutten bzw.,
mit moderneren Worten, auf die Müllhalde.

Wobei das durchaus auch im übertragenen Sinn verstanden werden muss. Denn es können ja nicht nur Gläser, Fernseher oder Autos inne Dutten gehen, sondern auch die eigene Leber, Firma oder Ehe. In diesem Fall sollte man vom Wegwerfen Abstand nehmen und sich stattdessen ans Reparieren machen, damit alles wieder »läuft wie'n Dittken«. Und eben diese Redensart nehmen wir in der nächsten Lektion durch.

Das läuft wie'n Dittken

Bedeutung: *das rollt wie ein Groschen = das funktioniert hervorragend*

So ein kleines Wort:»Dittken«. Und so eine lange Geschichte, die sich dahinter verbirgt. Aber sie ist spannend, es kommen skrupellose Münzfälscher, ein kompromittierter König und ein verhohnepipelter Reichsadler darin vor. Soviel vorab, um ein wenig Spannung aufzubauen ...

»Das läuft ja alles wie'n Dittken« ist der erfreute Ausruf, wenn etwas»rund läuft«. Dabei laufen Dittken heutzutage gar nicht mehr – zu Beginn des Dreißigjährigen Krieges waren diese Münzen jedoch in viel zu großer Menge im Umlauf. Und das kam so:

Weil die fürstlichen Kriegsherren Geld brauchten, reduzierten sie ab 1618 systematisch den Silbergehalt ihrer Münzen. Das sprach sich schnell herum. Die vor Kriegsbeginn geprägten, silberhaltigen Münzen blieben wertvoll. Doch die»neuen«, mit Kupfer gestreckten Münzen stellten bald nur noch besseres Spielgeld dar.

Letzteres Schicksal erlitt auch eine von König Sigismund I. eingeführte Silbermünze zu 3 polnischen Groschen. Tausende dieser»Silbermünzen« wurden in Wirklichkeit aus Kupfer hergestellt und gebeizt, um ihnen einen silbrigen Glanz zu verleihen und so den fehlenden Silbergehalt zu verheimlichen. Eine Zeitlang ging das gut, doch schließlich wollte niemand mehr den Sigismündischen Dreigröscher annehmen.

Die polnischen Münzen zeigten den polnischen Reichsadler. So wie die Deutschen ihrem Bundesadler den wenig
charmanten Beinamen »fette Henne« gegeben haben, so
nannten die Polen ihren stolzen Adler spöttisch »dudek« –
zu Deutsch: Wiedehopf. Diese im Deutschen zu »Düttchen«
abgewandelte Bezeichnung wurde auf die entwertete Drei-
groschenmünze übertragen. Im Volksmund hielt sich dieser
Begriff und ging auf mehrere geringwertigere Münzen über.
Im 20. Jahrhundert und in Ostwestfalen-Lippe angekom-
men, heißt der Ausdruck »Dittken« und bezeichnet ein
10-Pfennig-Stück.

Und weil man 10-Pfennig-Stücke eigentlich immer nur
wahrgenommen hat, wenn sie uns an der Kasse aus dem
Portemonnaie fielen und über den Boden rollten, bekam das
Dittken den Ruf des besonders bewegungsfreudigen Zah-
lungsmittels. Wenn eine Sache so glatt geht wie ein davon-
rollender Groschen, dann läuft sie also wie ein Dittken …

inne Fissen

Bedeutung: *in Ordnung*

Anwendungsbeispiel: »Iss euer Omma denn immer noch so schlecht zufrieden?« – »Nää, die is wieder gut beinander. Die war ja eintach nacher Rosenhöhe wegen ihrm Bölkhusten, aber der Doktoar sacht, getz is wieder alles <u>inne Fissen</u>.«

In der vorletzten Lektion konnten wir klären, an welchem Ort sich ein Gegenstand befindet, der »inne Dutten« ist (nämlich auf dem Abfallhaufen). Nun beschäftigen wir uns quasi mit dem Gegenteil: Wo muss man etwas suchen, das »inne Fissen« ist?

Antwort: Man muss gar nicht suchen. Denn wenn etwas inne Fissen ist, ist es in Ordnung, und wo Ordnung herrscht, ist alles schnell zur Hand. Wobei mangelnde Ordnungsliebe auch Vorteile hat: Man findet ständig und unerwartet längst vergessene Gegenstände …

Apropos schnell zur Hand: Schnell und behände mussten die Frauen sein, die in den Bielefelder Spinnereien und Webereien der letzten Jahrhunderte arbeiteten. Ihre Fingerfertigkeit machte Bielefeld um 1870 zum Zentrum der deutschen Textilindustrie; damals befanden sich dort rund 11 Prozent aller Spindeln und Webstühle Deutschlands. Die Arbeiterinnen brachten in den Fabriken täglich etwas »inne Fissen« – nämlich gesponnenes Garn. Fissen oder auch Fitzen bezeichnet eine Garnsträhne, eher noch einen dickeren Faden, mit dem Garn beim Spinnen zusammengebunden wurde (so sind »Fissen« sprachgeschichtlich verwandt mit der »Fessel«). Wer etwas in die Fissen brachte, hatte also seine – ziemlich friemelige – Arbeit ordnungsgemäß erledigt.

Das Bild eines Ordnung schaffenden Fadens existiert nicht nur in der Redensart »etwas ist inne Fissen«. So hoffen wir, dass unser *Lebensfaden* mittelfristig nicht reißt, und achten beim Plausch mit dem Nachbarn darauf, dass der *Gesprächsfaden* nicht verloren geht. Auch kann man etwas geschickt *einfädeln,* so wie die britische Marine, die durch all ihr Tauwerk einen roten Faden gezogen hat, der die Seile als Besitz der Krone ausweist. So geht kein Tau verloren und bei der jährlichen Inventur ist immer alles o.k. – oder wie man eigentlich in Bielefeld sagen müsste: i.F.

stickum

Bedeutung: *leise, ruhig, heimlich, verstohlen, hinten herum*

Anwendungsbeispiel: »Der Berni hatte ja sowas von keine Lusten auffe Geburtstagsfeier vom Chef, das war zum Beömmeln! Der hat jedem die Hand gegehm, damit se ihn alle eima gesehn ham, und dann hatta sich ganz <u>stickum</u> aussem Staub gemacht.«

Berufliches Weiterkommen erfordert Fremdsprachenkenntnisse. Das war auch schon vor 125 Jahren so. Wer damals in Westfalen eine Karriere als fliegender Händler, Kesselflicker, Scherenschleifer, Bürstenmacher, Schrotthändler, Schausteller oder Artist anstrebte, lernte deshalb Masematte. Diese Geheimsprache war ein Mix aus Vokabeln des Jiddischen, des Romani (der indo-iranischen Sprache z.B. der Sinti und Roma) und der Gaunersprache Rotwelsch.

Viele Begriffe, die wir heute in unserer Umgangssprache benutzen, sind »decodierte« Wörter der Masematte, wie z.B. ausbaldowern (in Erfahrung bringen, planen), der Heiermann (ein 5-Mark-Stück), »für lau« (kostenlos), linken (täuschen), Penunsen (Geld), verkimmeln (versagen, unterliegen), spachteln und verkasematuckeln (essen). An den Wortfeldern lässt sich erkennen, dass die Geheimsprache weniger genutzt wurde, um sich über die sozialen Verdienste des Kaiserreichs und das freundliche Wesen des örtlichen Wachtmeisters zu unterhalten, als vielmehr, um sich unter Kleinganoven auszutauschen, wo welches Geschäft zu machen sei, welcher Bürger ein großes Herz und welcher eine große Dogge besitze und in welchen Wohnungen nachts ein

Fenster offen stünde. Mit dem Vorteil, dass die Bürger, um die es ging, oder auch die Polizei von der Unterhaltung kein Wort verstanden …

Deshalb gehörte »stickum« oder auch »stiekum« zum Grundwortschatz der Masematte. Die Sprache wurde ja gerade dafür eingesetzt, damit man sich »ganz stickum rackewelen«, d.h. sich in Ruhe und heimlich unterhalten konnte. Stickum geht dabei zurück auf das hebräische Wort für Schweigen, das mit dem lateinischen Alphabet nicht darzustellen ist, aber in etwa »schetikah« ausgesprochen wird. Daraus entwickelte sich das jiddische »schtieke«, das als Substantiv Stille und Verschwiegenheit bedeutet.

Während Stille und Verschwiegenheit durchaus positiv besetzt sind, wird »stickum« meist mit einem negativen Unterton verwendet. Nehmen wir an, zwei Lehrer des Helmholtz-Gymnasiums unterhalten sich in der Pause über mehrere Schüler, die sich wortlos am Rand des Schulhofes aufhalten. Auf Hochdeutsch bemerkt der eine Lehrer seinem Kollegen gegenüber: »Die Schüler stehen so still in der Ecke. Was sie wohl vorhaben?« Formuliert der Pädagoge diesen Satz jedoch in der ostwestfälischen Variante mit dem Wört-chen »stickum«, wird aus der neutralen Feststellung eine Bewertung und aus seiner Frage eine Schlussfolgerung: »Die stehn da so stickum inne Ecke – die ham bestimmt was ausbaldowert …«

Wo der WDR seine Krimis drehen sollte:
Tatort Bielefeld

Apropos Gaunersprache: Im Herbst 2002 produzierte der WDR zum ersten Mal eine *Tatort*-Folge, die nicht in Duisburg spielte. Als Drehort wählte der Sender damals ebenso überraschend wie unverständlicherweise Münster.

Wir fragen uns: Warum Münster und nicht Bielefeld? Als Kulisse für Mord und Totschlag ist die *Friedens*stadt Münster doch gänzlich ungeeignet. Bielefeld hat viel bessere Referenzen als Drehort für die Krimiserie zu bieten. Denn unser einst idyllisches Städtchen hat sich längst zu einer Hochburg des Verbrechens entwickelt: Handtaschenraub, Banküberfälle und die Gemüsepreise auf dem Siegfriedmarkt (1,50 Euro für einen Kopfsalat!) sprechen eine deutliche Sprache. Seit der Sportbodenhersteller Balsam pleite gemacht hat, suchen viele kriminelle Elemente in Bielefeld nach einem neuen Betätigungsfeld. Und auf den Kesselbrink trauen sich inzwischen selbst Straßenräuber nur noch zu zweit – eine authentische und damit ideale Umgebung für die Krimi-Regisseure!

An dunklen und unheimlichen Ecken für eine Geldübergabe zwischen

Kommissar und Gangsterboss mangelte es wahrlich nicht. Hinterm Güterbahnhof, im SportScheck-Parkhaus, auf dem menschenleeren Neumarkt oder – ganz besonders dunkel und unheimlich – in der Jahnplatzpassage könnte man sich das doch gut vorstellen. Und für eine spektakuläre Verfolgungsjagd ist das innerstädtische Gewirr der Einbahnstraßen, Baustellen und Umleitungen geradezu wie geschaffen – konfrontiert mit dem Parkleitsystem hätte »Schimi« sicher einen neuen Rekord im Fluchen aufgestellt.

Doch der WDR verwehrt Bielefeld hartnäckig den Rang einer *Tatort*-Stadt. Zur Not müssen wir Bielefelder eben unseren eigenen *Tatort* drehen. Film-Know-how ist hier schließlich schon immer vorhanden gewesen: von der Stummfilmzeit, deren bedeutendster deutscher Regisseur, Friedrich Wilhelm Murnau (»Nosferatu – eine Symphonie des Grauens«), ein Bielefelder war, bis zu den heutigen Blockbuster-Produktionen von KANAL 21, dem Bürgerfernsehen für Bielefeld (»Wilde Liga TV«). Kopfsteinpflaster und schlechtes Wetter für den Vorspann haben wir auch reichlich, die Titelmusik könnte der Bielefelder Kinderchor neu einsingen. Da wird der WDR aber neidisch auf die Quote sein, wenn unser Traum-Duo Hauptkommissar Leine (genial: Ingolf Lück) und sein Assistent Weber (kongenial: Hans-Hermann Gockel) ermittelt …

Schleif

Bedeutung: *Schöpfkelle, gelegentlich auch Schlingel*

Anwendungsbeispiel: »Die Tage wollt ich dem lütten Enkel vom aulen Bökenhans 'nen Klümsken gehm, da packt dieser <u>Schleif</u> doch glatt mit beiden Händen in meine Bömskentüte rein!« – »Genau wie sein Oppa! Das is auch sson Gierigen, der kennt kein Maß! Der nimmt sich 'n Schluck mit'm <u>Schleif</u>!«

Der »Schleif« (das »ei« gesprochen wie im englischen »they«) oder auch »Schloif« bezeichnet eine Schöpfkelle, im Besonderen eine eher flache Kelle, wie sie zum Abschäumen von Suppen und eingekochtem Obst oder auch, um Spargel aus dem Wasser zu holen, verwendet wird. Den fast ausgestorbenen Begriff muss man in Ostwestfalen mittlerweile lange, aber nicht vergebens suchen. Man findet ihn zum Beispiel in einem Kochbuch der Verler Landfrauen, in deren Pfannekuchen-Rezept es heißt: »Füllen Sie mit einem Schleif eine passende Menge Teig in die Pfanne …«.

Wie viele Hektoliter fertig angerührten Pfannekuchenteigs wohl schon ungebraten blieben, weil kein Leser ein solches Küchenwerkzeug zu besitzen glaubte? Was immer noch besser ist, als wenn jemand den »Schleif« nur in der übertragenen Bedeutung von »Rotzlöffel« kennt und deshalb versucht, einen flegelhaften Nachbarsjungen zur Pfannekuchen-Zubereitung zu rekrutieren …

Die Herkunft des Begriffes gibt einmal mehr Rätsel auf. Der eigenartige »ei«-Laut klingt eher ostpreußisch als ostwestfälisch. In einem Buch zum Brauchtum der Masuren findet sich tatsächlich eine Spur. Zu festlichen Anlässen, heißt es dort, wird heimisches Bier aus einer großen Kanne an alle Feiernden mithilfe eines hölzernen »Schlöfs« ausgeschenkt. Könnte dieser »Schlöf« nicht die kreative Abkürzung für einen »Schöpflöffel« sein?

Leider bekommen ausgebildete Linguisten bei dieser Theorie Bauchschmerzen, als läge ihnen ein Schlöf quer im Magen. Außerdem erklärte sich selbst damit nicht, wie aus dem Königsberger »Schlöf« ein Hoberger »Schleif« wurde. Und einen ähnlichen Brauch wie den ostpreußischen gibt es hierzulande nicht – zum Glück, wie man anfügen möchte. Denn würde es die Tradition verlangen, Steinhäger Wacholderschnaps stets schöpflöffelweise auszuschenken, es wäre wohl um die Arbeitsmoral und die Produktivität am Wirtschaftsstandort Ostwestfalen-Lippe geschehen ...

Eine schöne Geschichte zum Schleif erreichte den Verlag – man lese und staune – aus der Schweiz. Antje Schröer, die es vom Teuto aus in die Alpen gezogen hat, ließ uns eine interne Familienanekdote zukommen. Hauptfigur darin ist ihre Venjaköbsche Urgroßmutter aus Friedrichsdorf, das bis zur Kommunalreform 1973 zum Kreis Bielefeld gehörte. Frau Venjakob nannte eine ganze Fußballmannschaft von Kindern ihr eigen, darunter Hans, seines Zeichens Schlingel und Vollzeitblag. Eines Mittags wollte sie ihre versammelte Familienbande mit je einem hennigen Löffel Suppe versorgen, sah sich aber vor ein praktisches Problem gestellt: »Kär, wo is denn der Schleif nu schonn wieda hin???« Worauf sich der kleine Hans entrüstet mit den Worten bemerkbar machte: »Ich *sitte* doch hier!«

Botten

Bedeutung: *Kinder*

Anwendungsbeispiel: »Voarhin wär sich unser Omma beinah gefalln, hier bei uns im Fluar. Die <u>Botten</u> und die Töle finn'n aber auch immer grade *die* Stelle inna Wohnung, wose am meisten im Weech stehn.«

Botten als Ausdruck für Kinder ist aus dem aktiven Sprachschatz vieler Bielefelder verschwunden. Dabei kennt die Region viele Redensarten, die sich mit dem Kinderkriegen und -haben beschäftigen.
Noch vor wenigen Jahrzehnten wusste der Volksmund zu reimen: »Reicher Bauer, viele Kotten; armer Bauer, viele Botten.« Offensichtlich wirkte sich Kinderreichtum negativ auf den materiellen Wohlstand aus. Etwas derber formuliert: »Fiele Fiarken maakt dat Feor dünne«, d.h. wer viele Ferkel besitzt, muss das Futter strecken.

Und das sind nicht die einzigen Sorgen, wie man der Wendung »Viel Kinner, viel Vadderunser« entnehmen kann. Besonders hart trifft es Eltern, wenn der Nachwuchs die in ihn gesetzten hohen Erwartungen nicht erfüllt: »Mannich Kind sollt'en Smandliepel wärn, und is doch bloß'en Schleif woarn.« = Manches Kind sollte ein Sahnelöffel, d.h. etwas Besseres werden, und wurde doch nur ein Schleif, eine Schöpfkelle, d.h. etwas Gewöhnliches. Bei aller ver-

ständlichen Enttäuschung – nicht ganz grundlos lautet die
Redensart »Der Appel fällt nich weit vom Fäard« …

Dass Kinder die Zukunft sind, wissen alle Institutionen, die
Nachwuchsarbeit leisten. Als vorbildliches Beispiel ist da der
Posaunenchor des Evangelisch Stiftischen Gymnasiums in
unserem Vorort, Pardon, in unserer Nachbarstadt Gütersloh
zu nennen. Vor allem deshalb, weil dessen Nachwuchsab-
teilung ganz im Sinne unseres Sprachkurses »Bottenchor«
heißt. Hier lernen die Botten, so die chorintern offizielle
Bezeichnung für alle Mitglieder, die noch keine Aufnahme-
prüfung absolviert haben, das Spielen in einem Chor und
nach einem Dirigenten. Nicht nur der Alliteration, sondern
auch des heimischen Sprachbrauchtums wegen sollte man
die Umbenennung des Bielefelder Kinderchors in Bielefelder
Bottenchor anregen.

Auf welche Altersgruppe der Begriff Botten anzuwenden
ist, kann man pauschal nicht sagen. So muss er nicht einmal auf Kinder im engeren Sinn bezogen sein. Dazu ein
Beispiel. Zwei Mittzwanziger erblicken auf der Tanzfläche
im Stadtpalais eine Gruppe Teenager und sind sich einig:
»Voar Mittanacht brauchse echt niargens hingehn. So
früh is überall absoluter Bottenalarm – nur Grünzeuch
untawechs.« Mit exakt demselben Satz haben eben jene
tanzwütigen Teenager, gerade 18 oder 19 Jahre alt, zuvor
die Oberstufen-Party in der Hechelei verlassen, weil ihnen
dort zu viele 15- und 16-jährige »Kinder« herumliefen.
Übrigens: Das Sprachbeispiel ist authentisch und stammt –
von einer Ü30-Party …

Pott

Bedeutung: *Topf*

Anwendungsbeispiel: Mittagessen bei Sudbräckers. Der kleine Florian spricht das Tischgebet: »Komm Herr Jesus, sei unser Gast! Dann siehst du, was du uns bescheret hast! – Und bitte, lieba Gott, vielleicht überlechses dir nochma und machs aus dem ollen Wiasing 'n <u>Pott</u> Pommes.«

Mit »potus« bezeichneten die alten Römer eine Trinkschale oder einen größeren Becher, der manchem Mitteleuropäer im Vergleich zu den eigenen Trinkgefäßen wie ein Topf vorgekommen sein muss – kein Wunder, wenn man bedenkt, auf welch geringe Füllmengen die Gläser hierzulande ausgelegt sind (vgl. »Pinnchen« bzw. »Pinne-ken«). Jedenfalls entwickelte sich aus dem potus europaweit der Pott: Die Engländer und die Franzosen kennen ihn heute als »pot«, die Dänen als »potte«, die Schweden als »potta«. Bei den Niederländern heißt der Erzeuger eines Topfes – welch ein schönes Wort! – »potten-bakker«, also »Topfbäcker« = Töpfer.

Ganz allein sind wir Ostwestfalen mit der Verwendung des Pottes also nicht. Allerdings entwickelten sich sprachliche Differenzierungen wie beispielsweise der Gusspott (den man noch heute in jedem Laden kaufen kann, wenn auch nur unter seiner modernen Bezeichnung »Wok«) oder der

Pisspott (hochdeutsch »Nachtgeschirr« oder »Kammertopf«).

Letzterer ist in der Redewendung »zu Potte kommen« (für »vorankommen, Fortschritte machen«) gemeint. Vor der allgemeinen Verbreitung wassergespülter Toiletten gab es nämlich für Kranke, denen der weite Weg zum Abort auf dem Hof nicht zugemutet werden konnte, einen Krankenstuhl, einen Stuhl mit Öffnung in der Sitzfläche und einem darunter hängenden Pott (der Gang zu diesem Stuhl, also der »Stuhlgang«, wurde zu einer sprachlichen Verhüllung der darauf folgenden Tätigkeit). Wenn der Patient nach längerer Zeit »endlich zu Potte kam«, war das ein Grund zur Freude, wurde doch die wieder in Gang gekommene Darmtätigkeit als Zeichen der Besserung im Krankheitsverlauf gewertet.

Doch zurück in die Küche. Da war noch der junge Mann aus Hoberge-Uerentrup, der immer, bevor er einen Schmorbraten in den großen Bratenpott legte, das Fleisch in der Mitte durchschnitt – wie er es von seiner Mutter gelernt hatte. Als ihn seine Frau nach dem Grund fragte, konnte er nur auf das Familienrezept verweisen, in dem es ausdrücklich hieß: »Den Braten in zwei Hälften teilen«. Der Mann forschte nach. Seine Mutter hatte das Rezept von der Großmutter übernommen – aber keine der beiden Frauen wusste, warum der Braten zu halbieren sei. Das Originalrezept stamme jedoch von der Urgroßmutter, die müsse den Grund also kennen. Und tatsächlich, die 94-jährige Dame konnte das Küchenrätsel endlich auflösen und einen plausiblen Grund für die Bratenteilung nennen: »Bi us hats doch damals immer nua sso lütte Pötte gegehm. Anners hätt da doch sson hönniges Stück ganich reingepasst!«

Gedöns und Kroppzeug

Bedeutung: *Unnützes, Wertloses, Störendes, nicht näher Bestimmbares; auch: Gesindel (Kroppzeug)*

»Tut euer Gedöns vonnen Fußboden wech!«, fordert der Vater seine Sprösslinge auf, wenn deren Oma über das Kabel der PlayStation gestolpert und auf den herumliegenden Spiele-Discs ausgerutscht ist. Mit seiner Wortwahl macht der Hausherr zweierlei deutlich:

1. Er steht Produkten der asiatischen Unterhaltungsindustrie eher kritisch gegenüber.
2. Er hat nicht die geringste Ahnung, wie er die modernen Spielgerätschaften seiner Kinder benennen soll.

Mit dem Ersatzwort »Gedöns« verschleiert er pädagogische und sprachliche Defizite, und natürlich schimpft es sich damit flüssiger, als wenn er die korrekte Bezeichnung »Spielekonsole inklusive der kabelgebundenen Gamepads« ausspräche.

Dabei ist der Begriff Gedöns eine eher schwache Beleidigung und enthält meist nur einen Hauch von Geringschätzung. Der Luftzug ist aber umso stärker, je wertvoller der Gegenstand ist, der damit bezeichnet wird. Fragt der Beifahrer im Auto »Was baumelt denn da füan Gedöns an deim Rückspiegel?«, so ist das keineswegs diffamierend, denn eine Dufttanne, die Diddl-Maus oder der Vereinswimpel vom FC Barfuß 03 sind ganz objektiv betrachtet Gedöns. Das Wort wird hier im Sinne von »Krimskrams« gebraucht.

Bezeichnet aber jemand, wie im obigen Fall, hochwertige bzw. hochpreisige Markengeräte als Gedöns, drückt er damit seine Geringschätzung aus. Dann ist das Wort eindeutig herabwürdigend und erhält die Bedeutung von »Plunder«, »Krempel« oder »Gerümpel«. Die sprachgeschichtliche Verwandtschaft mit Wörtern wie »dehnen« und »aufgedunsen« macht es deutlich: Gedöns kennzeichnet etwas »Überzogenes«, dem größere Bedeutung beigemessen wird als ihm vom Wert her zusteht (daher auch: »Mach nich son Gedöns« = Lärm um nichts).

Doch wie das immer so ist: Wenn es darum geht, das Universum von virtuellen Monstern zu befreien, sind die kleinen Helden unschlagbar. Soll aber das Wohnzimmer von realem Spielzeug befreit werden, sind sie unauffindbar. Falls also – wie zu erwarten – die väterlichen Aufräumbefehle wirkungslos verhallen und daraufhin die Großmutter ein zweites Mal über das Kabel stolpert, was dann? Dann wird das vermeintliche Familienoberhaupt zu härteren sprachlichen Mitteln greifen, um sich wenigstens noch einen Restbestand an Autorität zu bewahren. Mit einer nur leicht abschätzigen Bezeichnung wie »Gedöns« ist es nun nicht mehr getan. Bislang war der Vater von dem PlayStation-Schnickschnack nur genervt, doch nun platzt ihm der Kragen. Durch ausgesuchte Wortwahl macht er deutlich, dass er das olle Ding am liebsten los wäre: »Wenn das hier in fümf Minuten nich wechgeräumt is, schmeiß ichs innen Müll! Das Kroppzeuch will ich hier nich mehr sehn!«

Jetzt müsste auch den nervigsten Blagen klar sein, wie ernst es dem Hausherrn mit der Entsorgung des elektronischen Kompaktgerätes ist. Denn Kroppzeug bezeichnet Unbrauchbares, Ungeliebtes, Unwertes, kurz: Überflüssiges. Jetzt müssen sie handeln, sprich aufräumen, denn es gilt, ihr geliebtes Spielzeug vorm Abfallheizkraftwerk Heepen zu retten.

Sprachgeschichtlich war das Wort »Kroppzeug« schon immer negativ besetzt. Es kommt von »krupen« = kriechen; mit »Krop« bezeichnete man im Mittelalter kleine Lebewesen: Echsen, Schlangen, Würmer, kurz alles, was über die Erde kroch und krabbelte und eine Hexe mutmaßlich auf der Zutatenliste für ihren Zaubersud stehen hatte. Dass das Wort regional auch für Säuglinge und Kleinkinder gebraucht wurde, widerspricht dem nicht.

Schon im 18. Jahrhundert verwendete man das Wort »Kroptüg« in der übertragenen Bedeutung für Pack und Gesindel. Heute bezeichnet Kroppzeug wert- und nutzlose Gegenstände – auf Personen angewendet ist das Wort deshalb besonders beleidigend, noch ehrverletzender sogar als die Beschimpfung »Gesocks«. Sollte die gestürzte Schwiegermutter den väterlichen Ausruf »Das Kroppzeuch will ich hier nich mehr sehn!« missverstehen und nicht auf das Spielgerät, sondern auf sich beziehen, dürfte der Familienfrieden nachhaltig gestört sein.

Wie wird man Kroppzeug und Gedöns am besten los? Indem man es seinen Mitmenschen als praktische, alltagserleichternde und mutmaßlich wertvolle Raritäten anpreist, aufschwatzt und verhökert – auf dem Trödelmarkt. Dazu ein kleiner Exkurs.

Trödelmärkte in Bielefeld:
Flohmarktfieber

Mit den ersten warmen Sonnenstrahlen beginnt in Bielefeld die Trödelmarkt-Saison – mit den verrücktesten
Symptomen. Ein Marktbeschicker in Sieker soll sogar
schon Standmiete von Hornbach gefordert haben, weil im
Baumarkt mehrere Tapeziertische aufgestellt sind. Noch
unglaublicher, aber wirklich wahr: Kinder räumen plötzlich ihr Zimmer auf – auf der Suche nach zu verkaufenden
Spielsachen für den eigenen Flohmarktstand. Vier Arten
von Trödelmärkten unterscheidet man. Wir verraten Ihnen,
welche Sachen Sie wo finden:

1. **Kinder- und Familientrödel:** Hier liegen auf den Tape-
   ziertischen all die Spielsachen, die sich die lieben Kleinen
   so sehnlich zu Weihnachten gewünscht hatten und die
   dann nach einer kurzen Intensiv-Nutzung bis Silvester

seit viereinhalb Monaten unangetastet im Kinderzimmer lagen. Was manche Familien auf ihrem Trödelmarkt-stand anbieten, reicht deshalb locker, um einen zweiten Haushalt auszustatten. Wer auf den Flohmärkten auf dem Siegfriedplatz oder im Freizeitzentrum Stieghorst ein Schnäppchen machen will, darf deshalb nicht, wie viele glauben, früh morgens vor Ort sein, sondern kann vor dem Trödeln ruhig ein wenig trödeln: Am frühen Nachmittag, wenn der Familie bewusst wird, dass sie das ganze Gedöns wieder mit nach Hause schleppen muss, kriegt man die zwanzigbändige Bertelsmann-Lexikothek geschenkt.

2. **Studententrödel:** Manche Klischees stimmen einfach nicht. Zum Beispiel, dass Studenten nicht früh aufste-hen können. Nicht nur, dass die meisten auch unter der Woche schon um halb sechs wach sind, zumal gerade in den Randbezirken die Läden um sechs Uhr schließen, nein samstags und sonntags stehen einige sogar um halb sechs Uhr *morgens* auf, um mit einem Stand auf dem Trödelmarkt an der Uni oder auf dem Klosterplatz ihre Studiengebühren zu finanzieren. Und dass Studenten ihre Sachen nicht vernünftig pflegen würden, ist ebenfalls ein böses Gerücht konservativer Spießer. Viele der angebo-tenen Lehrbücher sind in einem makellosen Zustand, da noch originalverpackt.

3. **Wohltätigkeitsbasar:** Kein Pflegeheim und kein Senio-renstift in Bielefeld, das nicht einen Trödelbasar ausrich-tet. Wer abschätzig meint, dort gäbe es ja nur jahrzehnte-alte Klamotten zu kaufen, liegt mit seiner Einschätzung völlig richtig – übersieht aber dabei, dass jahrzehntealte Klamotten derzeit absolut angesagt sind. Also, liebe Tee-nies, bevor ihr Euer Geld zu Miss Sixty tragt, schaut lieber

mal im hippen Trend-Shop der Diakonie vorbei – dort findet Ihr Klamotten, die noch von echten Miss Sixties getragen wurden!

4. **Händlertrödel:** Neues muss nicht teuer sein. Das beweisen die Händlertrödel, die offenbar nur auf ausgesucht trostlosen Supermarktparkplätzen stattfinden dürfen. Dort kauft man echte Lederjacken-Imitate, kaum vom Original zu unterscheidende Marken-Uhren und sogar originalverpackte Elektroartikel zu Preisen, die jeden Media-Markt-Käufer blöd aussehen lassen. Das Eldorado für Schnäppchenjäger, Verbraucherschützer und die Kripo-Sonderkommission »Media-Markt«.

Brass

Bedeutung: *Brass = Wut, Zorn, Ärger / in Brass = wütend*

Anwendungsbeispiel: Dicke Luft im Büro: »Kär, was hat Scheffe mich grade angebölkt. Der is aber so richtich innen <u>Brass</u>.« – »Ach, da nimm dich ma nix von an. Der hat ja zuhaus son Brassel mit seiner Frau; da soll das wohl von komm'.«

In den nächsten beiden Folgen wird es kompliziert. Wir wenden uns den Feinheiten der Bielefelder Sprachlehre zu: dem Unterschied zwischen Brass und Brassel. Der ist umso schwieriger nachzuvollziehen, als beide etwas Unangenehmes bezeichnen und man sowohl Brass als auch Brassel gemeinhin aus dem Wege gehen möchte. Aber es nützt ja nichts: Am Ende dieses Bands gibt es einen Vokabeltest, und spätestens dann müssen beide Begriffe sitzen …

»Bras«, das Grundwort der beiden Wörter, stand im 14. Jahrhundert für Lärm. Wenn die Grafen von Ravensberg auf der Sparrenburg beim abendlichen Umtrunk besonders laut wurden und die ritterliche Runde zu einem liederlichen Gelage verkam, wurde an der mittelalterlichen Tafel »gebrast« bzw. »geprasst«, d.h. gelärmt. Schon früh erkannte man einen Zusammenhang zwischen der Anzahl der geleerten Bierfässer und der Lautstärke der abgesungenen Stimmungslieder. Deshalb gebrauchen wir heute »prassen«, was eigentlich »übertrieben laut sein« bedeutete, im Sinne von »übertrieben konsumieren«.

Nehmen wir nun einmal an, ein Vorgesetzter ist wegen der vorabendlichen Niederlage seines Fußballvereins (also hier im Herzen Ostwestfalens mutmaßlich Schalke 04 oder Borussia Dortmund, vielleicht aber auch doch, wie es sich gehört, Arminia) ohnehin schon leicht »bräsig«. Wenn ein solcher latent gereizter Chef nun einen seiner Angestellten dabei erwischt, wie dieser während der Arbeitszeit im Internet surft, und das auch noch ausgerechnet auf die Seiten von kicker.de – dann wird es im Büro derart laut, dass der Ärger des Chefs nur noch mit dem Wort »Brass« angemessen wiedergegeben werden kann. Bei einem Colonel der britischen Streitkräfte könnte man auch das mit dem Brass verwandte Adjektiv »brash« benutzen, das der Engländer ebenso für aufdringlich laute Musik wie für aufbrausendes Verhalten verwendet.

Das Beruhigende an den Wutausbrüchen in Westfalen wie in Westminster: Der Brass beschreibt eine plötzlich auftretende, aber auch ebenso schnell wieder abebbende Gefühlswallung – nach ein paar Minuten haben sich alle wieder lieb. Es sei denn, die Beteiligten haben außerdem gewaltigen »Brassel am Kopp«, der die seelische Ausgeglichenheit längerfristig verhindert. Mehr dazu in der nächsten Lektion, in der wir lernen, wie ein lautstarkes Schlemmerfest trinkfester Ritter zu Stress ausarten konnte, d.h. wie aus dem »Prassen« der »Brassel« wurde.

Brassel

Bedeutung: *1. Arbeitsdruck, Stress, Ärger, 2. Plunder, Haufen, Kram*

Soeben lernten wir, dass Bras im Mittelalter »Lärm« bedeutete. Und weil es in der Sparrenburg ganz besonders laut wurde, wenn die Ritter ein Fress- und Trinkgelage veranstalteten, stand das Prassen, also das Lärmen, bald für einen ausschweifenden und verschwenderischen Konsumgüterverbrauch. Dasselbe Szenario liegt übrigens auch der Redewendung »in Saus und Braus leben« zugrunde: Ursprünglich hieß die tatsächlich nichts anderes als »in Lärm und Lärm leben«. Wo beim Essen gelärmt wird, kam offensichtlich schon immer mehr auf den Tisch als nur Graupensuppe mit Grahambrot. Wie dem auch sein, Bras wurde zu einem Ausdruck für eine »viel zu große Menge«, gemessen am eigentlich Notwendigen, egal, ob es nun um Akustik oder um materielle Güter ging.

Wer prasst, hat also offensichtlich mehr, als er braucht. Solange sich dieses »mehr« auf Geld, Klamotten oder Bratskartoffeln bezieht, kann der Mensch das Leben in vollen Zügen genießen. Wenn es aber Aufgaben, Pflichten und Termine sind, von denen er zu viele hat, und er Überfülle allein in Bezug auf zu erledigende Arbeit kennt, dann bekommt Bras plötzlich eine negative Bedeutung. Dann hat er nämlich Stress – oder auf ostwestfälisch »ein' Brassel am Hals, dass er ganz mitte Näaven fäattich is.«

Es gibt jedoch Leute, die empfinden ständigen Arbeitsdruck nicht als Brassel. Es sind Menschen, die einen ausgefüllten

Terminkalender als Beweis für ein ausgefüllten Leben halten. Doch auch die kennen die Vokabel dieser Lektion. Weil sie nämlich vor lauter Arbeit im Büro in ihrer eigenen Wohnung nicht zum Aufräumen kommen, sitzen sie nach Feierabend »in ihrn ganzen Brassel« – also einem Zuviel an Zeug, einem Durcheinander an Gedöns, im weiteren Sinne auch im Schlamassel.

Einerlei, in welcher Bedeutung der Brassel oder auch seine engen Verwandten Brass, Brast oder bräsig verwendet werden, irgendwie hat diese Wortfamilie immer mit Ärger zu tun. Also wünschen wir Ihnen, dass Sie diese Vokabeln möglichst selten brauchen. Und falls Sie doch einmal ein bisschen Ärger zuhause oder im Büro haben, denken Sie einfach daran: Gegen kleinen Ärger helfen schnell und sicher große Sorgen. Oder Sie handeln nach dem Motto, das ein Teilnehmer des Spielfests »Spielewelt in Bielefeld« in der Ravensberger Spinnerei auf seinem T-Shirt trug. Das Rezept des Brettspielfreunds für generelles Wohlbefinden: »Mensch ärgere Dich nicht. Ärgere andere!«

Stert

Bedeutung: *Schwanz, Bürzel*

Anwendungsbeispiel: An der Theke wird mit Hochprozentigem experimentiert: »Mein lieber Mann, da hasse aber was zurechtgepattkert! Da wird ja 'ne tote Kuh wieder lebendich, sobalte ihr nuar den <u>Stert</u> einstippst!«

In dieser Lektion (der auf der nächsten Seite ein entsprechender Exkurs folgt) unternehmen wir einen Ausflug in die Zoologie. Der Stert ist die westfälische Bezeichnung für den Schwanz z.B. von Kühen – vergleiche dazu die Stilblüte aus dem Grundschulaufsatz »Die Kuh«: »Unter der Kuh hängt die Milch. Hinten an der Kuh hat sie einen Stert, damit keine Fliegen in die Milch fallen.«

Pferde haben nur dann einen Stert, wenn sie zur arbeitenden

Population gehören und z.B. einen Pflug ziehen (den der Landwirt am »Pflugstert« hält, dem Griff zum Führen des Pfluges). Residieren sie hingegen auf einem Gestüt und verdienen ihr Kraftfutter als Zuchthengst oder Springstute, ist die Bezeichnung Stert für das Langhaar am Pferdepöter verpönt. Merke: Nur Zossen haben einen Stert – Rösser haben einen Schweif.

Erstaunlich viele westfälische Sprichwörter und Redewendungen beschäftigen sich mit dem Stert. Eine Auswahl: »Wenn de äine Kau schitt, hölt de annere den Stert hauge« = Wenn eine Kuh Fladen produziert, hält die andere den Schwanz hoch, d.h. der Mensch neigt zum besinnungslosen Herdentrieb. Oder auch: »Sträiks du de Katte to viärl, dräch se'n Stert to hauge.« = Streichelt man die Katze zu viel, trägt sie ihren Schwanz zu hoch, d.h. je mehr man einem eingebildeten Menschen schmeichelt, desto hochmütiger wird er, so dass man dann mit einem Vergleich aus der Schweinezucht von ihm sagen kann: »Der krült sin Stert ens mehr« = Der ringelt seinen Schwanz ein Mal mehr, d.h. der hält sich für etwas Besseres. Mutmaßlich ist ein solcher Schnösel auch ein Großmaul: »He hätt dat in't Miul äs dat Eickern in Stert« = »Er hat's im Maul wie ein Eichhörnchen am Schwanz«, d.h. seine Worte sind so aufbauschend und prahlerisch wie ein Eichhörnchenschwanz buschig ist.

Um auch mal ein positives Beispiel zu bringen: »Kuems uewer'n Rüen, kuems auk uewer'n Stert.« = Kommst Du über den Hund, kommst Du auch über den Schwanz, d.h. hat man den schwierigsten Teil einer Arbeit erledigt, wird der Rest auch kein Problem mehr sein. Und als letztes, womit wir wieder bei der obigen Stilblüte angelangt wären: »Wenn de Kau iarn Stert verluaren hät, denn weit se erss, wotau hai nütte was« = Wenn die Kuh ihren Schwanz verloren hat,

dann erkennt sie erst, wozu er nütze war, d.h. man lernt eine
Sache erst schätzen, wenn man sie nicht mehr besitzt.

Sprachhistorisch ist der Stert ein Abkömmling von »starr«,
dem Mutterbegriff einer Wortfamilie, deren Angehörige
alle ein »st-r« beinhalten und etwas mit »hart, fest, steif« zu
tun haben: stark (hart sein), starren (unbeweglich blicken),
störrisch (sich unnachgiebig geben), sterben (eigentlich:
erstarren) und sogar der Storch gehören zur Verwandtschaft.
Der Großvogel verdankt seinen Namen dem steifbeinigen,
staksigen Gang, der auch bei Menschen zu beobachten ist
und entsprechend kommentiert wird: »Käar, hasse nie'n
Tanzkuars bei Teubner gehabbt? Du beweechs dich ja auffer
Tanzfläche wie'n Stoarch im Salat!«

Stichwort Vogelkunde: Die Bachstelze hat ihren Namen von
der typischen Verhaltensweise, ihren Bürzel gestelzt, d.h.
hoch aufgerichtet, zu tragen. Wenn sie nun schnell über
den Boden trippelt, wedelt ihr Hinterteil lustig auf und ab.
Deshalb haben die Naturfreunde in Westfalen der Bachstelze
den Spitznamen »Wippstert« gegeben – zum Glück, denn
die Alternativbezeichnung »Schwingschwanz« hätte doch
etwas albern geklungen, auch wenn sie nichts anderes als die
wörtliche Übersetzung ist.

Zugegeben, allzu viele Bachstelzen werden Sie in der
Bielefelder City nicht antreffen. Trotzdem lohnt es sich, die
Vokabel zu lernen, kann man sie doch selbst im Innenstadtbereich anwenden – zum Beispiel im Stadtpalais. Kehren Sie
einfach bei nächstbester Gelegenheit in den Musiktempel
ein und entrüsten Sie sich über die Bewegungen der jugendlichen Tänzer mit den Worten: »Käar, die Blagen von heute,
die sollten sich was schääm'! Die wackeln ja alle mittem
Pöter wie son Wippstert auf Ameisenjacht.«

Safari in der Senne:
Die schlafenden Löwen von Stukenbrock

Staub und Dürre prägen die Gegend jenseits der südlichen
Stadtgrenze Bielefelds. Dort, noch ein gutes Stück entfernt
vom Paderborner Hochland mit seinem wechselfeuchten
Klima und der üppigen, teilweise undurchdringbaren Ve-
getation, beginnt die offene Steppenlandschaft der Senne.
Inmitten dieser Halbwüste, wo in den Trockenmonaten nur
einige Büschel-gräser wachsen und selbst in der Regenzeit
nur eine schüttere Grasdecke die ostwestfälische Savanne
bedeckt, liegt der Safaripark Stukenbrock.

Mit seinem eigenen Auto kann man hier durch ein Freigehe-
ge voller exotischer Tiere fahren. Automatisch fühlt man sich
dabei wie ein Großwildjäger in Afrika. Ungeschützt, ohne
trennende Zäune oder Gitterstäbe, begegnet einem die wilde
Kreatur in Form von Tigern, Wasserbüffeln und tobenden
Familienvätern, denen gerade ein Lama durch die herunter-
gelassene Scheibe aufs Armaturenbrett gespuckt hat.

Einen ganz besonderen Nervenkitzel bietet das Löwengehege. Noch während man in der Hochsicherheitsschleuse
steht, wird einem unweigerlich mulmig. Dazu tragen auch
die überall angebrachten Hinweisschilder bei, die erlebnis-
hungrige Ausflügler vor menschenhungrigen Löwen warnen
und ihnen mit Aufschriften wie »Vorsicht! Lebensgefahr!
Freilaufende Raubkatzen!« den Ernst der Situation verdeut-
lichen. Erst dann öffnet sich die Schleuse … unendlich langsam … zentimeterweise … im Schritttempo fährt man in
das Gehege ein … vorsichtig und jederzeit mit dem Angriff
einer gefräßigen Großkatze rechnend.

PLÖTZLICH sieht man sie, wie sie dastehen, in einer Reihe,
fast wie an der Schnur aufgezogen: die Autos der anderen
Besucher. Nun ja, im Löwengehege ist halt immer Stau,
und man sieht nichts weiter als Autos. Irgendwo sieht man
auch zwei, drei Löwen. Die liegen in einer schattigen Ecke,
möglichst weit weg von der Autoschlange, und schlafen. Was
man ihnen nicht wirklich verübeln kann: Wenn Sie aufwa-
chen und feststellen würden, dass in Ihrem Wohnzimmer
drei Dutzend Autos stünden, gingen Sie doch auch gleich
wieder zu Bett. Sehen Sie, und genau deshalb schlafen auch
die Löwen von Stukenbrock.

Es gibt doch tatsächlich Leute, die mit ihrem Fotoapparat im Auto sitzen und darauf lauern, dass die Löwen sich bewegen! Wer sich keinen mehrwöchigen Urlaub genommen hat und deshalb auf ein solches Wunder nicht warten kann, sollte sich in einem der Souvenirläden des Safariparks Postkarten kaufen. Auf denen sind durch geschickte Fotomontagen wache Löwen zu sehen.

Die eigentliche Sensation im Safaripark sind allerdings auch gar nicht die schlafenden Löwen, sondern vielmehr die weißen Tiger. Diese seltenen Edeltiere sind natürlich nicht im staubigen Gehege der normalen Tiger untergebracht. Sie wohnen exklusiv in einem orientalisch anmutenden »Palast-gehege« mit byzantinischen Säulen, goldenen Kuppeln und einem großen Foto an der Brüstung, damit sich die Besucher die Raubkatzen auch vorstellen können. Denn sehen kann man die Tiger natürlich nicht. Die liegen tatenlos in ihrem Palast – und schlafen.

wullacken

Bedeutung: *sprachgeschichtlich wohl eine Zusammensetzung aus »wühlen« und »ackern«, d.h. körperlich hart arbeiten, schuften*

Anwendungsbeispiel: »Käar, der Helmut malocht sich nomma tot. Erss <u>wullackt</u> er auffe Schicht, als ob *er allein* fürs Bruttosozialprodukt verantwortlich gemacht würde, und danaach wullackt er in seim Gaaten und buddelt inne Beete, als wenns da Erdöl zu finn' gäb.«

Gegen Ende dieses Kurses nehmen wir auch Vokabeln durch, die im Alltagsleben des typischen Bielefelders nicht täglich vorkommen … Zwar wird jeder Arbeitnehmer von sich behaupten, hart zu arbeiten. Aber nicht jeder darf sagen, er wäre »so richtig dearbe am Wullacken«. Ein Sozialversicherungsfachangestellter wullackt nicht, und ein Wertpapierverwalter ist kein Malocher im klassischen Sinn. Auch Studienräte, Steuerberater und Buchautoren stehen nicht mit Schüppe, Schubkarre und Spitzhacke knietief im Sennesand, stapeln Findlinge und wuchten Bruchsteine zu Mauerwerk. Ihre Berufswahl büßend gehen sie nach Feierabend ins Fitnessstudio, um sich dort für viel Geld auf Laufbändern, Hantelbanken und anderen Wullack-Simulatoren ihren Körper mit Schweiß überströmen zu lassen und Schwielen an den Gliedmaßen zu holen.

In ihrem Arbeitsalltag wullacken sie dagegen nicht wirklich, obschon viele versuchen, durch erhöhten Arbeitseinsatz die Karriereleiter hochzuklettern. Das klingt nach aktiver körperlicher Betätigung. Aber flötepiepen. Meist sind gerade bei Menschen in höheren Positionen Bewegungen nur noch auf dem Bankkonto zu beobachten, das damit so fett wird wie die Herzkranzgefäße des Besitzers.

Bedeutet dies im Umkehrschluss, das reine »Wullacker« erfolglos bleiben und stets das Nachsehen haben gegenüber Menschen mit zum Beispiel organisierenden oder rhetorischen Fähigkeiten? Mitnichten, wie ein Blick in die Bielefelder Arbeitswelt von 1895 zeigt. Damals hatte der Maschinenfabrikant Heinrich C. Fricke den Bau des schmiedeeisernen Bismarck-Turms beschlossen, den man heute als »Eisernen Anton« kennt. Fricke suchte also nun einen gestandenen Stahlbaubetrieb, der seine Pläne auf dem Ebberg umzusetzen vermochte. Zwei Unternehmen kamen in die engere Wahl, deren Geschäftsführer er zu einem gemeinsamen Termin einlud: Johann Oberschelp und Hermann Röwekamp.

Oberschelp sprach lange und überzeugend, erläuterte seine Philosophie, pries in bildreicher Sprache die eherne Qualität seiner Arbeiten und untermauerte durch die Aufzählung von Referenzen seine Kompetenz in Sachen Stahlbau. Als Röwekamp endlich drankam, sagte der nur kurz: »So gut wie der Oberschelp reden kann, so tüchtich weärn meine Männer wullacken.«

Röwekamp bekam den Job.

Flötepiepen!

Bedeutung: *Denkste! Von wegen! Pustekuchen!*

Anwendungsbeispiel: »Und, wie war dein Ronndewuh gestearn ahmd im Stadtpaläh? Hasse da getz'n Krösken am Start und das Mädel rumgekricht?« – »Flötepiepen! Die olle Trine is gar nich ears gekomm'!«

Was heißt eigentlich flötepiepen? Na, das kann sich doch jeder ganz leicht zusammenreimen! Flötepiepen heißt »Flöte pfeifen« und soll bedeuten, dass das soeben Gehörte oder Gesagte so viel wert sei, als hätte man durch eine Flöte gepustet und nichts als heiße Luft erzeugt. Logisch, oder?

Aber flötepiepen! Denn die Wurzeln dieses Ausdrucks liegen überraschenderweise nicht zwischen Rhein und Weser, sondern zwischen Nil und Tigris. Der Bestandteil »Flöte« stammt vom hebräischen »peletä« ab, und das ist kein Instrument, sondern bedeutete sowohl »Flucht« als auch »Bankrott« – was die Vermutung zulässt, dass sich schon vor 2500 Jahren so mancher Schuldner seinen Zahlungsverpflichtungen entzog, indem er einfach abhaute, ohne einen Nachsendeauftrag zu erteilen oder das Einwohnermeldeamt zu benachrichtigen. Jedenfalls entwickelte sich aus dem Wort »peletä« über das Jiddische die »Pleite«. Dieser uns heute leider allseits bekannte Begriff war noch bis ins 19. Jahrhundert ein Wort der Gaunersprache und gelangte relativ spät in die allgemeine Umgangssprache. Bevor das der Fall war, existierten mehrere regionale Sprachvarianten: »Blete« zum Beispiel oder eben »Flöte«.

Auch der zweite Wortbestandteil, das »Piepen«, ist übel beleumundet, entstammt er doch ebenfalls der Gaunersprache, dem Rotwelschen. In Anlehnung an das Gezwitscher kommunikationsfreudiger Singvögeln beschreibt das »Pfeifen« eine in Ganovenkreisen denkbar unbeliebte Redseligkeit. Wer »verpfiffen« wird, der wird verraten und der Polizei gemeldet. Dem kann man als Dieb nur zuvorkommen, indem man sich stellt und ein Geständnis ablegt – statt verpfiffen zu werden, pfeift man selber. Pfeifen hat hier also die Bedeutung von »aussagen, eingestehen«.

Damit heißt flötepiepen nichts anderes, als »eine Pleite eingestehen«. Wer hätte das gedacht? Dass es eine ostwestfälische Vokabel aus dem Rotwelschen mit hebräischen Wurzeln gibt, sollte man nicht meinen – aber flötepiepen ...!

schrappen

Bedeutung: *1. kratzen, schaben, 2. Geld raffen*

Anwendungsbeispiel: Bethel ist in Bielefeld eine »Stadt in der Stadt«. Was das mit dem Wort »schrappen« zu tun hat? Nun, zum einen bezeichnete Bundespräsident Theodor Heuss einst den Bethel-Gründer Friedrich von Bodelschwingh als »genialsten Bettler Deutschlands«, weil dieser immer »Geld am schrappen« war. Anderen Menschen, die derart geldfixiert sind, wird diese Haltung schnell als Untugend angekreidet. Doch von Bodelschwinghs Beruf(ung) war es, eine diakonische Einrichtung aufzubauen, und dabei stellte seine Penetranz, andere Leute um Geld zu bitten, eine notwendige Begabung dar.

Zum anderen passt das »Schrappen« gut zu Bethel, weil das Wort medizinische Wurzeln hat. Das Ursprungswort »schreffen« bezeichnete im Mittelalter ein Allheilverfahren der Ärzteschaft gegen leichtere Beschwerden, nämlich das Ritzen der Haut zu kleinerem Blutentzug – im Gegensatz zum kräftigen Aderlass, der bei ernsthaften Erkrankungen angewendet wurde und mit dem man erfolgreich verhinderte, dass der Patient an seiner Krankheit starb (nämlich indem man sicherstellte, dass er zuvor an Blutverlust starb …).

Aus dem »Schreffen« entwickelte sich sprachlich das »Schröpfen«, das ursprünglich ebenfalls die systematische Blutentnahme bezeichnete. Erst mit der Erfindung des Finanzamtes wandelte sich die Bedeutung dieses Wortes vom »Blutsaugen« zum »Geld abnehmen«.

Die westfälische Sonderform »Schrappen« beinhaltet nun zum einen die Ausgangsbedeutung des Ritzens und Kratzens, wie zum Beispiel bei den Ausrufen »Ker, sonn Äager aba auch, ich bin mit meim Auto annem Pömpel langgeschrappt!« oder auch »Uchutuchut, is schon halb zwölf duarch, und ich komm' nich inne Pötte mit meim Gemüseeintopf. Hilfse mir Möarn schrappen?«

Zum anderen drückt das Wort die unschöne Eigenschaft des zwanghaften Geldhortens und Nicht-wieder-rausrücken-Wollens aus: »Was is der aule Nölenkamp doch füarn kniepigen Schrapphals.« – »Jau, das sach man. Nen ganz fuchsigen Schrappkopp is das!« Wer an Rosenmontag einen Karnevalsumzug besucht, der kann dort beobachten, wie Kinder »Bömsken schrappen«, d.h. die Zahnkiller von der Straße lesen. Was wertvoll ist und des Hortens würdig, wird eben altersbedingt unterschiedlich beurteilt.

Apropos Karneval …

Karneval auf Ostwestfälisch:
Bielefeld alaaf!

Der Fasching gehört zu Bielefeld wie das Oktoberfest zu Hamburg. Wer in den närrischen Tagen mit einer roten Pappnase über den Jahnplatz geht, wird nicht mit »Helau« begrüßt, sondern um Freikarten für den Zirkus gebeten. Umso lustiger ist die Vorstellung, wie es in der Leineweberstadt aussähe, wäre auch Bielefeld eine echte Karnevals-Hochburg.

Sicherlich kämen Zehntausende von Touristen, um mitzuerleben, wie sich das sonst eher biedere Oberzentrum ins »Tollhaus am Teuto« verwandelt. Für den Bielefelder Rosenmontagszug wären die Tribünen vor dem Rathaus natürlich längst ausverkauft. Die Karten dafür gäbe es ohnehin nicht auf dem freien Markt, sondern würden von Generation zu Generation vererbt; die Zuschauerränge wären seit Jahrzehnten von feierwütigen Holtkämpern, Deliussen und Poggenpohls belegt.

Das kann kein Ostwestfale sein, der da nicht bunt verkleidet als Clown, Cowboy oder Puddingpulverproduzent ausgelassen über den Alten Markt tanzte. Jede Kneipe in der Altstadt wäre so voll wie ihre Gäste, überall würden Stimmungslieder gesungen wie »Mir lasse de Nikolaikirch in Bielefeld« und »Es ist noch Pudding da« und überall würden Büttenreden gehalten – natürlich im Bielefelder Missingsch. Erst am Aschermittwoch wäre die größte Freiluftparty im Regierungsbezirk Detmold dann vorbei, und das Leben in Bielefeld ginge wieder seinen geregelten Gang – bis zum nächsten Jahr.

Hätte, wäre, könnte: In Wirklichkeit regiert am Rosenmontag in Bielefeld eben nicht der Karneval, sondern der Konjunktiv. Zum Glück, wie jeder gebürtige und damit schunkelresistente Bielefelder sagen wird. Wobei wir nicht vergessen wollen, dass das Faschingsfest einen religiösen Hintergrund hat. Danken Sie also Gott, dass er uns die Gnade zuteil werden lässt, in Bielefeld zu leben, wo man auch ohne Karneval schlecht drauf sein kann. Und legen Sie bei der Gelegenheit Fürbitte ein für die armen Schloß Holte-Stukenbrocker.

Bernd Buschkamp, langjähriger Ehrenvorsitzender des Festkomitees »Fidele Fastnacht Vilsendorf«, bei einem seiner seltenen Emotionsausbrüche.

schrebbeln

Bedeutung: *das Erzeugen eines für andere nur schwer zu ertragenen Geräuschpegels*

Wenn in Bielefeld die Vossbrinks, Ellersieks, Holtmanns oder Pollmeiers ein Familienfest veranstalten, dann ist die heimische Deele butz proppevoll, derart viele Sippenangehörige finden sich ein. Die unterschiedlichsten Persönlichkeiten kommen da zusammen, alle haben ihren Weg gemacht, einige sind ausgezogen in fremde Länder (z.B. ins Lipperland – oder gar nach Bayern), andere stammen von dort und haben in die Familie eingeheiratet (und leben nun notgedrungen in Deppen- statt in Düsseldorf ...).

Ganz ähnlich ist es bei der Wortsippe, die auf den gemeinsamen Urahnen »schreffen« zurückgeht. In der letzten Lektion haben Sie gelernt, wie aus dem Wort, mit dem man das Ritzen und Kratzen der Haut zur Blutentnahme beschrieb, das »Schröpfen« und das »Schrappen« entstand.

Doch die »Kratz-Begriffe« haben noch viel mehr Verwandte. Einer, der im fernen Berlin Karriere machte, ist die »Schrippe« – ein Gebäck, dessen Kruste man längsseits aufkratzt, also ein Brötchen. Ein anderer ist bundesweit aktiv: der »Schrubber«, mit dem man Schmutz vom Boden kratzt. Und auch das »Schraffieren« gehört zur Mischpoke, bedeutet es doch nichts anderes, als viele dünne parallele Linien auf einen Untergrund zu ritzen.

Aber es gibt auch heimatverbundene Familienangehörige, die es nicht bis in den Duden geschafft haben, uns in

Ostwestfalen aber umso öfter begegnen: Wer ein Kratzen im Hals hat und mit heiserer und sich überschlagender Stimme spricht, der mag anderswo ein »Krächzer« sein, in Bielefeld ist er ein »Schrebbel«. Ein solcher klingt ähnlich »schrebbelich« wie ein Gitarrist, der bei völligem Melodieverzicht auf seinem Instrument rumschrubbt, als sei es ein Waschbrett. Der Möchtegernmusiker mag es selber herrlich finden, wenn sein Sound so »richtich dearbe schrebbelt«. Doch ist sein Lied eine akustische Zumutung, die außer ihm nun wirklich niemand hören will – mit Ausnahme von höchstens zehn Millionen Teenagern, die sofort die CD-Läden stürmen, um diese (nach Meinung der Eltern) »füachtaliche Schrebbelmusik« zu kaufen (wobei die Meinung der Eltern erheblich zum Verkaufserfolg beiträgt).

Immerhin kann man die CD-Boxen im Winter zum Freikratzen vereister Scheiben zweckentfremden. Ob sich dazu eine Punkrock-CD von ZZZ Hacker besser eignet als eine Scheibe samtweichen Schmusepops von Julio Iglesias, ist nicht bewiesen. Es passt aber einfach besser, wenn man mit dem Geschrebbel schrappt – sprachlich gesehen bleibt es so jedenfalls in der Familie.

Maßeinheiten

Den sandigen, kargen Böden in um und Bielefeld war in früheren Zeiten kaum etwas abzuringen. In guten Jahren ernteten die Bauern wenig, in schlechten weniger als wenig. Eine Vokabel, die eine große Menge beschreibt, brauchte man da offenbar nicht. Um Fülle oder Überfluss auszudrücken, entwickelte der Bielefelder allein die Vokabel »massich« (»Was heißt, du hast nix anzuziehn? Da häng' doch massich Kleider im Schrank!«), oder er greift auf die Verstärker »dearbe« und »oantlich« zurück (»Du rüarst aber deabe viel Butter innen Kuchenteich!« - »Jau, ich sach mir immer: Tu man oantlich bei; da kannse nix mit vardäaben.«).

Dem gegenüber steht eine Fülle von Ausdrücken, mit denen der Bielefelder kleine Maßeinheiten benennt. Denn groß ist er im Portionieren, eine Fähigkeit, die er durch die tägliche Arbeit mit Back- und Puddingpulver perfektioniert hat. So kann ein Bielefelder gerade geringfügige Mengen, Strecken und Gewichte gänzlich ohne Messbecher, Waagen oder andere Messinstrumente korrekt einschätzen und benennen. Möglich macht dies sein umfangreiches Vokabelrepertoire: vom Stücksken übers Ecksken bis zum Endken, vom Tuck übern Tacken bis zum Itzken, vom Stritz übern Klacks bis zum Klöttken.

Einziges Problem dabei: Jeder Bielefelder ist sein eigenes Eichamt. Da die Stadt rund 325.000 Einwohner hat, existieren ebenso viele Umrechnungstabellen und Meinungen, welcher hochdeutschen Maßangabe zum Beispiel »1 Itzken« entspricht. Bittet ein Student in der Mensa um einen »Klacks« Soße, dann mag ein schmächtiges Mickermännchen damit einen halben Esslöffel meinen, aber wer so ein »richtig hennigen Kawenzmann« ist, der verlangt mit dieser Bestellung eher eine Schöpfkelle voll.

Ein »Tacken« kann gar für so unterschiedliche Größen stehen wie anderthalb Meter (»Neenochma, Arminia hat schon wieder übers Toar geballert. Der Schuss war nich schlecht, aber'n Tacken zu hoch.«), einen Neigungswinkel von 10 Grad (»Getz nochen Tacken weiter runter, und das Bild hängt fast grade.«), 20 PS (»Muss du immer so übearn Ossi pesen? Wir komm schon noch rechzeitich nachm Ikea hin. Fahr ma nen Tacken langsamer – ich wüard da ganz gern lehmd ankomm!«) oder 30 IQ-Punkte (»Der eine Kannidat in dem Kwiss war ja schon bestusst: Der dachte, eine Eselsbrücke sei ein Zahnersatz für Grautiere. Aber der andere Kannidat war sogar nochen Tacken döfer: Der wusste nich ma, wann die Sixtinische Kapelle ihre letzte CD aufgenommen hat!«).

Bielefelder Maßeinheiten mit exemplarischer Umrechnung:
- *1 Stritz = 20 ml:* »Milch zum Kaffee?« – »Jau, bitte, aber man nuar son Stritz.«
- *1 Stücksken = 300g:* »Ich hätt gern sonn Stücksken vonna Biearwuarst.«
- *1 Tuck = 3 cm:* »Nochen Tuck nach hinten, und das Real steht genau anner Wand.«
- *1 Klöttken = 1 ccm:* »Ich nehm zehn Klöttken Zucker innen Kaffee – aber bitte nich umrüarn, sonss wird er doch dearbe süß.«
- *1 Klacks = 1 Esslöffel:* »Sandkuchen ohne was drauf is ja ma 'n dröges Zeuch – tu mich da ma noch sonn Klacks Sahne bei.«
- *1 Itzken = 1 cm:* »Das Autofenster stand nua son winziges Itzken auf, aber das reichte dem Gesocks, um mein Radio da wechzukriegn – vadorrichnocheins!«

kein Vergang dran

Bedeutung: *das ist langlebig, beständig, unverwüstlich*

Anwendungsbeispiel: »Letzten Donnastach habbich mir'n neues Hemd gekauft, und getz issa schon 'n Knopf von ab.« – »Beim Hemdekauf daafse aunich auffen Cent kucken, du Kniepekopp. Mein Seidensticker habbich vor ewich und drei Tage gekauft, das war zwar'n bissken teurer, aber dafür issa auch kein Veargang dran!«

»Der Preis wird vergessen, die Qualität bleibt« lautet eine Erkenntnis von Markenherstellern. So findet man auch bei Miele-Produkten oft eine Ziffer mehr auf dem Preisschild, aber dafür auch folgende Passage im Werbeprospekt: »Hochwertige Materialien und Komponenten im Zusammenspiel mit bestverfügbaren Technologien auf höchstem Produktionsniveau bilden die Garanten für eine langlebige Gerätequalität.« Was der (offensichtlich auswärtige) Werbetexter damit auf gut Bielefelderisch sagen will: Bei einer Miele ist kein Vergang dran. Es ist Qualitätsware, die Jahre, Jahrzehnte oder sogar so lange hält, bis sie ganz bezahlt ist.

Doch die Langlebigkeit eines Produktes ist nicht in allen Branchen ein erstrebenswertes Ziel der Hersteller. Die für Bielefeld so bedeutende Textilindustrie beispielsweise sah sich gezwungen, angesichts der zunehmenden Haltbarkeit der Stoffe eine effektive Gegenmaßnahme zu entwickeln: die Mode. Sie sorgt dafür, dass für viele Menschen die Strapazierfähigkeit eines Kleidungsstücks völlig uninteressant ist. Mode muss nicht robust sein. Mode muss ja nicht einmal schön sein. Es reicht, wenn sie neu ist.

Weil die Textilketten ihre Kollektionen mittlerweile noch
öfter wechseln als Arminia die Trainer, erhöhen vor allem
Frauen ihre Kauffrequenz und tragen nur im Notfall etwas,
das sie bereits besitzen. Dadurch kann kaum noch ein
Kleid seine Solidität unter Beweis stellen. Die traditionsbe-
wussteren Männer hingegen sehen in ihren Klamotten oft
treue Begleiter, denen man unabhängig vom Zeitgeschmack
Loyalität schuldet. Die Frage seiner Gattin, ob er die seiner-
zeit bei der Eröffnung des Aussteuerhauses Opitz erstandene
und seitdem nahezu täglich getragene Manchesterhose
nicht doch bei Gelegenheit aussortieren wolle, beantwortet
der echte Bielefelder entsprechend mit: »Awatt! Was sonne
oarntliche Koartbuxe is, da is kein Veargang dran.«

Plünnen

Bedeutung: *alte, unmoderne, unordentliche Kleidung, Klamotten, Klamottenhaufen*

Anwendungsbeispiel 1: »Was soll das heißen, an deiner Buxe is kein Veargang dran? Da is doch schon der Knopp von ab. Du hass bloß keine Lusten, mit mir einkaufen zu gehen. Mit deine <u>Plüdden</u> am Leib siesse derart schlunzich aus, dass ich mich schon für Dich fremdschäääm.«

Anwendungsbeispiel 2: das Gothic-Girl fragt die Verkäuferin nach der Anprobe bei Opitz: »Kann ich diese <u>Plünnen</u> umtauschen, falls sie meinen Eltern gefallen sollten?«

Der ostwestfälische Ausdruck »Plünnen« (auch »Plünnten« oder »Plüdden«) für Textilien stammt vom Wort »Plunder«, das schon im Mittelalter für gebrauchten Hausrat, Bettzeug und Kleidung verwendet wurde. Mit Plünnen bezeichnet man ganz allgemein Kleidung, die ihren Zweck nur unzureichend erfüllt, sei es, weil sie nicht dort liegt, wo sie hingehört (»Kevin, räum deine Plünnen aussem Fluar!«), sei es, weil sie zwar dort liegt, wo sie hingehört, aber – zumindest subjektiv gesehen – nicht zum Anziehen taugt (»Hach, Frau Reckendrees, ich sach es Ihn', es ist alles so fuarchtbar: Am Samstach is Gebuatstachsfeier von mein Georch sein Küsäng und ich hab nur Plüdden im Schrank!«), sei es, weil sie schon ein bisschen vermackelt ist (»Wenn ich schon seh, wie du da das Loch in deine Socken zusammengeprüht hast, statt das väanünftich mit kreuzweisen Fäden zu schließen – nee, also wiaklich, da kannste die Plünnen auch gleich wechschmeißn.«) oder sei es, weil sie etwas aus der Mode gekommen ist (»Der Ferdi hat ja getz son Krösken am Start – dem seine Neue, das is son Puselchen, die trächt Plünnen, die hätt unser Omma nache Brockensammlung hingebracht, weil se ihr zu altmodisch sind.«).

Merke: Tragen tun Plünnen immer nur die anderen. Die eigene Kleidung definiert dagegen, was modisch auf der Höhe der Zeit ist. Allerdings kann, was heute als chic gilt, schon morgen ein Lacherfolg sein – wo wüsste man das besser als im Großraum Bielefeld, einem traditionellen Zentrum der Textilindustrie. Die heimischen Unternehmen von Seidensticker über Windsor bis Katag leben davon, dass selbst hochwertige Markenartikel irgendwann nur noch Plünnen sind. Gerüchteweise arbeitet man bei Gerry Weber bereits daran, die Kleidungsstücke mit einem Verfallsdatum zu versehen, damit wir Kunden wissen, wann die Klotten unmodern werden.

Wobei aus der Mode Gekommenes auch der Mode voraus sein kann. »Ein Kleid, das sie heute einen Schlafrock nennen, tragen sie morgen zum Tanze und umgekehrt«, so erkannte Heinrich von Kleist schon vor mehr als 200 Jahren die Gesetzmäßigkeiten der Branche. Die unmodern gewordenen Plünnen im Schrank muss man also nicht in den Müll tun, irgendwann sind sie wieder voll angesagt. Und wegschmeißen sollte man unbeschädigte (!) Hemden, Hosen, Jacken und Schuhe ohnehin nicht, sondern dem obigen Beispiel von »unse Omma« folgen: Die Bielefelder bringen ihre Plünnen schon seit 1891 als Kleiderspende nach Bethel, wo sie in der Brockensammlung sortiert, aufbereitet und wieder verkauft werden.

rären

Bedeutung: *nadeln*

Anwendungsbeispiel: »Käar, Bäarnhard, was hasse dir beim Weihnachtsbaum-Vearkauf wieder füan Kroppzeuch andrehn lassen?! Wir ham noch nichma Nikolaustach, und unsa Krissbaum <u>räart</u> getz schon. Bis Heilichahmd hat selbs' unser Plattenspieler mehr Nadeln als dies' össelige Gestrüpp!«

Einige Vokabeln unseres Sprachkurses können Sie regelmäßig anwenden: Pölter, wech, ramdösig, Meckerpott – das sind Wörter, die man im Alltag nahezu täglich braucht. In der letzten Lektion unseres Sprachkurses hingegen lernen wir einen Begriff, den man nur ein einziges Mal im Jahr verwendet (so man nicht Baumschulenbetreiber ist): »Rären« beschreibt den schleichenden Vorgang, bei dem der Weihnachtsbaum sein Nadelkleid ablegt.

Anders als beim vornehm klingenden »nadeln« (»Clothilde, unser Christbaum nadelt.«) klingt beim »rären« die Unter-stellung durch, die tückische Tanne würde ihre Nadeln vorsätzlich zu Boden rieseln lassen (»Ich werd wahne, so ein Schweinepuckel von Baum! Der rärt alles voll!«). Es muss also nicht zwingend an nachlassender Saugkraft Ihres Staubsaugers liegen, wenn der Teppichboden trotz intensiver Pflegebemühungen von Nadeln übersät bleibt. Vielleicht haben Sie sich nur ein besonders perfides Gehölz ins Haus geholt, das Ihre frisch gesaugte Auslegeware mutwillig und minütlich mit neuen Nadeln spickt.

Die typische Tanne, die sich der Bielefelder als Lichterbaum in den Sockel stellt, stammt übrigens nicht aus dem Teutoburger Wald, sondern aus Dänemark. Unsere nordischen Nachbarn pflanzen und ernten nämlich jedes Jahr zehn Millionen Weihnachtsbäume. Doch damit nicht genug: Mithilfe der Gentechnik werden im Botanik-Institut von Kopenhagen Klon-Tannen entwickelt! Deren Zweige sollen symmetrisch wachsen, sich nicht unter dem Gewicht von Christbaumkugeln biegen, vor allem aber möchte man verhindern, dass sie – na was wohl? Richtig: rären.

Schwer vorstellbar, dass sich solche Klon-Tannen in Bielefeld durchsetzen. Eher wird sich das Rären, heute noch als Ärgernis empfunden, angesichts der Gentechnik zu einem wertgeschätzten Zeichen für die Naturbelassenheit eines Baumes entwickeln, ganz nach dem Motto »Wenna nich' rärt, issa nix wert«. Denn der Bielefelder ist traditionsbewusst; wenn der sich erst einmal ans Rären gewöhnt hat … der würde, falls so eine Klon-Tanne ihre Nadeln nicht freiwillig abwerfen wollte, glatt durch gezieltes »Röseln« nachhelfen. Und was es mit diesem Begriff auf sich hat, lernen wir dann im Fortgeschrittenen-Kursus. Bis dahin: Chutchen!

Hefte raus, Klassenarbeit! Jetzt wollen wir Ihr bisher erworbe-
nes Ostwestfälisch-Wissen abfragen und überprüfen, wie viel
aus den vorangegangenen Folgen in Ihrem »Bregen« (Gehirn)
hängengeblieben ist. Da im Bereich der Erwachsenenbildung
ein hohes Maß an Eigenengagement erwartet werden kann,
übernehmen Sie bitte Ihre Lernkontrolle selbst. Beantworten
Sie dazu die folgenden Fragen und zählen Sie die Punkte Ihrer
Lösungsfavoriten zusammen – aber nicht mogeln! Ihr Test-
ergebnis lesen Sie dann auf Seite 124.

Frage 1
Es klingelt an der Haustür. Offensichtlich ist Frau Kleinepöhler vom Einkaufen zurück. Was sagt Vater Kleinepöhler
zu seinem Sohn?
a) »Jemand muss deiner Mutter Einlass gewähren. Wärst
du so lieb?« (0 Punkte)
b) »Öffne deina Mutta ma die Tüar!« (5 Punkte)
c) »Mama' Mama auf!« (10 Punkte)

Frage 2
Ihr Kollege stolpert im Büro über ein Kabel und muss mit
angeschwollenem Knöchel in medizinische Behandlung.
Sie übernehmen sein Telefon. Mit welchen Worten entschuldigen Sie sein Fehlen?
a) »Der ist leider derzeit außer Haus, da er einen Orthopä-
den aufsuchen muss.« (0 Punkte)
b) »Der is justament außer Tüar raus, weila sich die Hacken
vearknackst hat.« (5 Punkte)
c) »Der hat sich ehm auffen Patt gemacht nachn Fußaazt
hin.« (10 Punkte)

Frage 3

Ein ausländischer Mitbürger hat noch Schwierigkeiten mit der deutschen Sprache. Wie wird ihm ein hilfsbereiter Bielefelder Unterstützung anbieten?

a) »Ich – sprechen – langsam, – dann – du – mich – verstehen, ja?« (0 Punkte)

b) »Ich werde mich bei der Stadt dafür einsetzen, dass Ihnen ein Sprachkurs finanziert wird.« (-5 Punkte)

c) »Das mit das Deutsche, da mach dich man nich bange vor, das läan ich dich schon.« (10 Punkte)

Frage 4

Im Klinikum Rosenhöhe wurde ein Unfallopfer eingeliefert. Mit welchen Worten informiert der behandelnde Arzt die Verwandtschaft über den Gesundheitszustand des Verunglückten?

a) »Wir mussten dem Patienten einen Arm und einen Zeh amputieren; Lebensgefahr besteht aber nicht mehr.« (0 Punkte)

b) »Getz hatter'n abben Aam und tritt inne Kuhle wegen sein' Bockermann, aber ansonsten issa wieder gut beinander.« (10 Punkte)

Frage 5

Bei Möbel Deppe in Hillegossen: Ein Verkäufer preist seine neue Schrankkollektion an. Mit welcher Formulierung hat er beim Ehepaar Schnottenkötter die besten Verkaufschancen?

a) »Hier ein rustikaler Hängeschrank inklusive Schubladenelement. Diese repräsentativen Möbelstücke überzeugen durch ihre Langlebigkeit. Wir geben fünf Jahre Garantie!« (0 Punkte)

b) »Hier ein Schapp mit Trecke. Bei seuche voarstellige Möbeln is kein Vergang dran. Da könnse drauf an!« (10 Punkte)

Frage 6

Aufregung im Bielefelder Stadtrat: Der Bund erhöht die Solidarpakt-Umlage für den Aufbau Ost. Wie äußert sich ein Lokalpolitiker, der seine Wiederwahl anstrebt?

a) »Ich zeige mich überrascht und empört. Diese Entscheidung trifft uns finanziell hart.« (0 Punkte)

b) »Ich kriechen Dahlschlach – da is doch das Ende von wech! So dearbe hamwas nu aunnich anne Puschen.« (10 Punkte)

Frage 7

In der Hammer Mühle. Mit welchem Lob animieren Sie den Wirt zu einem Gratis-Schnaps?

a) »Ihre Getreidespirituosen schmecken mir gut – davon dürfen Sie mir gerne nachschenken! Verraten Sie mir Ihre Bezugsquelle?« (0 Punkte)

b) »Wassen lecker Koarn – tu mich man noch ein'! Wo hasse den wech?« (10 Punkte)

Frage 8

Welcher Satz ist bisweilen von ostwestfälischen Eltern zu hören?

a) »Auch wenn Kinder hin und wieder etwas Arbeit machen, so sind sie doch ein Quell ständiger Freude.« (0 Punkte)

b) »Was dömpkert denn da? Getz sach bloß, die Botten ham sich'en Püffken gemacht! Das iss ja lehmsgefährlich! Und der Lütte kokelt mitte Stöcker da drin rum ...« (10 Punkte)

c) »Ears duarche Motsche und dann mit die Drecksmauken übearn Pearser tapern – mitte Blagen hasse nix wie Brass!« (10 Punkte)

d) »Geh bei die Kadienen wech! Du solss die nich anpacken mit deine Schmodderhände, du Fickel! – Kannsse nich hörn? Du krisse gleich! – Naa waate, getzt gibts Pöterklatsche!« (10 Punkte)

Frage 9

Mit welchen Worten motivieren Bielefelder Eltern ihren lernschwachen Nachwuchs zur zeitnahen Erledigung der Schularbeiten?

a) »Hast du deine Mathematik-Hausaufgaben bereits erledigt? Na, dann beeile dich bitte damit. Mit deiner Intelligenz müsstest das Klassenziel eigentlich locker erreichen. Dir fehlt es nur an der nötigen Konzentration … und am Ehrgeiz.« (0 Punkte)

b) »Hasse das Rechnen schon raus? Na, denn ma tengern! Wennde mit deiner Intellenz sitzen bleibs, bisse das selbss in Schuld. Aber wiede da wieder rumdölmerss … da sieht man gleich, dassde keine Lusten hass.« (10 Punkte)

Frage 10

Es geht doch nichts über Tratsch und Klatsch! Welche der beiden folgenden Charakterstudien ist konstruiert und welche ein O-Ton aus der Buschkampsiedlung?

a) »Irmgards Mann mag nicht der Fleißigste sein, und er könnte auch ein wenig mehr auf sein Äußeres achten. Aber dafür ist er ihr immer treu gewesen, das muss man ihm lassen!« (0 Punkte)

b) »Iarmgaads Kall-Heinz? Watten drämeligen Schlonzkopp das doch is – sonn' richtigen Schweinepuckel. Und das Schlimmste: Sonn' treun Schluffen, wie das der is, wiardse den ja nie wieder los …!« (10 Punkte)

Frage 11

In einem Anfall maßloser Selbstüberschätzung hat Hobbyheimwerker Schnakenpötter den Aufbau des neuen Ikea-Regals zur Chefsache erklärt. Wie kommentiert Frau Schnakenpötter seinen mehrstündigen Kampf mit der Bauanleitung?

a) »Es kann nicht jeder handwerklich begabt sein – ich liebe dich auch so!« (0 Punkte)

b) »Kann es sein, dass dir die Montage des Regalsystems mehr Mühe bereitet als vermutet? Den ganzen Abend bastelst du jetzt schon daran herum – und es sieht immer noch aus wie frisch ausgepackt ...« (2 Punkte)

c) »Bisse da immer noch mit dem Real zugange? Was kann man denn da 'nen ganzen Ahmd lang dran rumölen? Ich seh schon, du wirs da einfach nich Herr über ...« (5 Punkte)

Frage 12

Sie geraten in einen Streit um eine Parklücke. Schimpfworte werden Ihnen an den Kopf geworfen: »Abelhannes! Dummbatz! Össelkopp!« Offensichtlich haben Sie es bei der Gegenpartei mit einem Bielefelder zu tun. Wie kontern Sie höflich, aber bestimmt, um die Situation zu entschärfen?

a) »Willse vorab erss noch eine getafelt krieg'n oder soll ich dich sobutz verwemsen?« (-5 Punkte – Gewalt ist doch keine Lösung, Sie Grobian!)

b) »Ich verbitte mir diesen Ton. Sie sprechen mit einem Beamten des gehobenen Dienstes!« (0 Punkte)

c) »Denkense ja nich, wen se voar sich ham! Sonne Stoffels wie Sie ignorier ich nichma!« (5 Punkte)

Frage 13

Auf der Speisekarte hat sich der Fehlerteufel eingeschlichen. Wie kommentiert der typische Bielefelder den Menüpunkt »Kackbraten mit Bratkartoffeln«?

a) »Ein peinlicher Druckfehler. Den Appetit lasse ich mir aber davon nicht nehmen.« (0 Punkte)

b) »Wassen richtigen Schmecklecker is, der hat da nix um bei.« (5 Punkte)

c) »Hoho, guck dich das an, Lisbeth, wassen Druckfehler: Bratskartoffeln ohne ›s‹ ...!« (15 Punkte)

-10 bis 0 Punkte: Uchuttuchuttuchutt ... Sie sind uns vielleicht'n Expearte! Mit das Bielefelderische, da kommse wohl noch nich so richtich mit zurande – selbs Leuchturmwäater und Almsenner sprechen besser Ostwestfälisch als Sie. Diesen Test hamse verkimmelt. Aber da machense sich man nicht bange vor, wir learn Sie das noch. Sie müssen nuar ühm, ühm, ühm.

1 bis 124 Punkte: Immer feste gelaernt? Das soll da wohl von komm'. Ihre Punktzahl is gedenfalls 'n ganz voarstelliges Resolutat. Sie könn sich als Neubürger am Teuto verständlich machen. Wenn Sie jetzt noch in ein Schützenverein eintreten, ist Ihre Integration in die Bielefelder Bevölkerung abgeschlossen.

125 Punkte: Ja geh mich einer los! Hunnatfümmunzwanzich Punkte – das is Rekoart! Ein oantliches Eargebnis, auf dasse dearbe stolz sein könn'! Bei Ihrm Ostwestfälisch wird selbss Bauer Homann in Jöllenbeck neidisch. Getz ma äarlich, Sie sind ganich zugereist, Sie komm' doch hiear wech, oder?

Das müsste mal gesagt werden!

Wie sich prominente Bielefelder zur schönsten Stadt der Welt äußerten – oder zumindest hätten äußern können:

»Wenn der liebe Gott sich im Himmel langweilt, dann öffnet er das Fenster und schaut zu uns hinunter auf die Straßen von Bethel.«
Friedrich von Bodelschwingh d. J., Bielefelder und nach seinem Vater zweitgenialster Bettler Deutschlands (siehe Lektion 90)

»Wenn ich Deutschland als eine schöne Frau zu malen hätte, so wäre Bielefeld der Blumenstrauß an ihrem Herzen.«
Friedrich Wilhelm Delkeskamp, bildgewaltiger Bielefelder

»Ihr Völker der Welt: Schaut auf diese Stadt!«
Artur Ladebeck, regierender Bielefelder

»Wer es hier schafft, schafft es überall.«
Ingo Oschmann, erfolgreicher Bielefelder

»Andernorts werden Könige gestürzt, Präsidenten oder Regierungen. In Bielefeld stürzt man seinen Pudding.«
Ingolf Lück, lustiger Bielefelder

»Im ruhigen, beschaulichen Bielefeld zu leben, das verlängert das Leben glatt um zehn Jahre. Und diese zusätzlichen zehn Jahre würde ich gerne in Berlin verbringen.«
Oliver Welke, fahnenflüchtiger Bielefelder

»Das Nachtleben in Bielefeld ist ja quasi nicht vorhanden. Wenn du in der Innenstadt nach acht Uhr abends auf der Straße stirbst, findet man dich erst am nächsten Tag.«
Jochen Distelmeyer, Bielefelder Musikgenie

»In jedem Joghurt befindet sich mehr Kultur als in Bielefeld.«
Rudolf-August Oetker, lebensmittel- und kulturinteressierter Bielefelder

»Bielefeld ist eine durch und durch kommunistische Stadt: Alles säuft, keiner arbeitet.«
Hannes Wader, singender Bielefelder

»Baumheide ist ja mehr ein Weltteil als ein Stadtteil.«
Ernst Middendorp, weitgereister Bielefeld-Fan

»Krobbach, Pagelsdorf, Eilenfeldt, Sackewitz, Schock in einer Mannschaft – das ist, als hätten Bach, Mozart, Beethoven, Haydn und Händel zusammen für den Fürstbischof von Salzburg komponiert. Mit Brahms auf der Reservebank.«
Ulrich »Uli« Büscher, kickender Bielefelder und Volksheld

»Apropos: Man hätte Bielefeld in Salzburg bauen sollen, da ist die Luft besser.«
Hera Lind, schreibende Bielefelderin

»München hat seinen Komödienstadl, Düsseldorf hat sein Kom(m)ödchen, Hamburg hat sein Ohnsorg-Theater, Bielefeld hat sein Rathaus.«
Gerhard Schröder, schon als Schüler in Bielefeld politisch engagiert

»Ich kann sagen, dass ich nur in Bielefeld empfunden habe, was eigentlich ein Mensch sei. Zu dieser Höhe, zu dieser

Empfindung bin ich an keinem anderen Ort gekommen.«
Niklas Luhmann, philosophierender Wahl-Bielefelder

»Wir fordern: Pizza-Test statt Pisa-Test!«
Graffito an einer Bielefelder Schule

»Was immer ein Bielefelder Leineweber fordert – biete die
Hälfte, so wirst du nicht betrogen.«
Westfälische Weisheit um 1500

»Wir sehen uns wieder – so Gott will. Und wenn nicht in
dieser Welt, dann vielleicht in Bielefeld.«
*Aus: »Der Gesang im Feuerofen« von Carl Zuckmayer
Später zitiert von Udo Lindenberg in seinem Stück »Rätsel-
haftes Bielefeld«: »Und sehen wir uns nicht in dieser Welt,
dann sehen wir uns in Bielefeld!«*

Quellen

Bielefeld: 16 Vororte suchen eine Stadt. Ein Gedichtband – Aus der Reihe »Nie hört man wen in Altenhagen im Ausland über Heimweh klagen« – Verlag Eckardtsreim, Sennestadt

Der Reformator aus Jöllenbeck. 95 Theesen zur Entstehung des Lutterwegs – Missionsverlag, Bielefeld-Gadderbaum

Sightseeing am Kesselbrink. Sehenswerte Gebäude in Bielefelds Mitte – DIN-A6-Format, 2 Seiten. Mit einem 2-seitigen Vorwort – Maso-Verlag

Gründe, um ihn zu verfluchen, muss man am Neumarkt nicht lang suchen. – Aus der Reihe »Bielefeld und Städteplanung: sehr viel Mut und keine Ahnung« – Maso-Verlag

Eine Trasse für sich. 75 Jahre Planung der A 33 – Aus: Bielefeld, führender Wirtschaftsstandort im Großraum Senne – IHK Ostwestfalen zu Bielefeld

Bielefelder Rekorde. Vom kürzesten U-Bahn-Netz der Welt bis zum längsten Bahnhofs-Umbau aller Zeiten – Guiness-Verlag, Hamburg

Schwick, Hans-Hermann – Westfalenmeister waren selbst die Bayern nie! Arminias unterschätzte Erfolge – in: Hauptsache besser als Prxxxn Mxxxer. Motivation im Abstiegskampf – vereinsinterne Broschüre des DSC Arminia Bielefeld e.V.

Wittig, Ernst Wilhelm – Blößenwahn. Der Mann, bei dem Taschendiebe keine Chance hatten – Flitzer-Verlag, derzeit JVA Brackwede

Die Bielefeldverschwörung gibt es gar nicht! Eine Stadt schlägt zurück – Illuminati-Verlag, Bielefeld/Roswell

Trend in Prozent. Von der Kunst, die Meinung des Auftraggebers zu erforschen und sie durch unverdächtige Zeugen belegen zu lassen – Kundenbroschüre von TNS Infratest / Emnid, Bielefeld

Seidensticker, Walter – Stoffwechsel. Von der Kunst, vielen etwas zu verkaufen, was nur wenige kleidet – Toplin-Verlag, Bielefeld/Düsseldorf

Timmermann, Dieter – Von der Massenuni zum Tante M.A.-Laden. Die Zukunft der Elite-Universität Bielefeld – Campus-Verlag

DIE KEN-METHODE

1. Aus dem Pott wird das Pöttken, also P.

2. Aus dem Patt wird das Pättken, also Ä

3. Püfferken sind eine ostwestfälische Delikatesse, ein Püffken ist ein kleines Lagerfeuer. In jedem Fall U.

4. »Meine Oma fährt im Hühnerstall Motorrad, meine Oma ist 'ne ganz patente Frau!« heißt es in dem Gassenhauer, ebenso wie »Wir versaufen unser Omma ihr klein Häusken, und die erste und die zweite Hypothek!« Gesucht war das S.

5. KEN hätten sie kenn' könn'.

So, getz hamse genuch PÄUSKEN gehabt – weiter geht's mit Vokabel-Pauken!

Vokabelverzeichnis

Wörterbuch
Bielefelderisch — Hochdeutsch

Vokabelverzeichnis /
Wörterbuch Bielefelderisch – Hochdeutsch

Fett gedruckte Ziffern verweisen auf die Lektion, in der die Vokabel ausführlich behandelt wird, normal gedruckte auf eine oder mehrere Lektionen, in deren Verlauf die Vokabel vorkommt. **Vw** steht für das Vorwort, **Lk** für die Lernkontrolle ab Seite 119.

Bielefelderisch	*Hochdeutsch*	*Lektion(en)*

A

abber Arm	amputierter Arm .... 68, Lk	
allerbest	optimal, klasse, famos 49, 53	
alle sein	verbraucht sein 48, 49	
anbölken	anblaffen, sich in Ton und Lautstärke vergreifen 62, 85	
angeschickert	beschwipst, alkoholbedingt fröhlich 24, 44, 60	
Ärgerpohl	Nervensäge 30, 38	
aul	alt 16, 17, 18, 52	
ausbaldowern	auskundschaften, über dunkle Kanäle in Erfahrung bringen, einen Plan aushecken 80	
auskriegen, Kartoffeln	der kargen Scholle mühsam die Erdfrüchte abringen, d.h. Kartoffeln ernten 59	
Awatt!	»Ach was!« im Sinne von »So ein Unsinn!« 46, 93	
Awelhans	von »übler Hans(wurst)« = Kasper, Nichtsnutz, Dummkopf 38, 44	

B

ballern	1. zechen, 2. schießen (z.B. auf dem Bolzplatz), 3. knallen (z.B. mit Zisselmännken) 44, 60, 92	
Ballon	blutdurchströmter = knallroter Kopf 49	
Bauern, inne	weit raus, auf dem Land **13,** 49	
bedötscht	benommen, angeschlagen, duselig 45	
bekakeln	etwas bereden, sich besprechen .... –	
Bengel	Frechdachs, Lausejunge, Lümmel 20	
beömmeln, sich	sich amüsieren, erheitert sein .... Vw, 55, **56,** 71, 80	
bestusst	grenzdebil 92	

Dittken,

das läuft wie´n ~   rollt wie ein Groschen = läuft wie geschmiert   … 55, 77, **78**

dölmern   zweckungebundenes (nicht sinnloses!),
gedankenverlorenes Vor-sich-hin-Spielen
von Kindern, »rumdameln« ………………………… Lk

döm(p)kern   im Püffken prokeln, Qualm erzeugen ………………… Lk

Dön(e)kes   Anekdoten, heitere Kurzgeschichten, oft von
zweifelhaftem Wahrheitsgehalt (siehe die vielen
Dönekes in diesem Buch) ………………………… 15, 49

döppen   1. jemanden bzw. etwas unter Wasser tauchen,
2. pulen ………………………………………… **30**

Döppen   Augen ………………………………………… **30**

Döppen, die ~

dichtmachen   schlafen, sterben ………………………………… 30, 52

dösig   dumm ………………………………………… 34

Döskopp   Dummkopf ………………………………… 34, 38

Drämelei   Trödelei ……………………………………… 14

drämeln   trödeln, klüngeln, bummeln ……………………… 14, 62

drämelig   langsam, trödelnd ……………………………… 23, Lk

Drämelpott   jemand, der sich Zeit lässt; Phlegmatiker   … **14,** 17, 23, 76

dröge   trocken, auch: uninteressant ………………… **46,** 68, 92

Drömmeligkeit   die Kunst, keinen Stress zu kennen …………………… 14

drömeln   trödeln, klüngeln, bummeln ……………………… 14

drömmeln   langsam, trödelnd ……………………………… 14, 62

dudeldicke   sternhagelvoll ………………………… 44, 54, 56, 60, 71

dune   angeheitert bis mittelstark alkoholisiert ………… 44, 60

Düppe   Essensbehälter, Topf, Schüssel ……………………… **19**

durch sein   fertig sein, sich auf den Heimweg machen …………… 55

Duselkopp   Trunkenbold ……………………………………… 44

Dutten, inne ~

sein   reif für den Müll, kaputt ……………… 21, 40, 73, 76, **77**

E

Ende, da ist

das ~ von weg   Ausruf der Überraschung und Empörung …………… 69

enttüddeln   entwirren, entflechten, in Ordnung bringen ………… 52

F

G

H

N

O

P

T

U

V

W

Z

Jede Menge Zeichenkram

Wer entwickelt, konzeptioniert, entwirft, kreiert, skizziert, scribbelt, zeichnet, karrikiert, malt, konterfeit, paust, layoutet, setzt und gestaltet Bücher, Magazine, Werbemittel, Zeichnungen, Bilder, Graphiken, Cartoons und Comic-Strips zeitnah, günstig und genau?

Los, testet mich – denn wie schon mein alter Kunstlehrer immer wieder mahnend sagte:

Besser von Pelle gemalt, als vom Leben gezeichnet!

Small-Talk im Haus der Wirtschaft bei einem ostwestfälisch-arabischen Handelstreffen. Ein Bielefelder Geschäftsmann sucht ein Gesprächsthema und sagt zu seinem ägyptischen Gegenüber: »Ich habe neulich noch gelesen, dass es bis heute in Ihrer Heimat Menschen gibt, die die Sonne als Gottheit verehren.« – »Das täten Ihre Mitbürger auch«, entgegnet der Ägypter, »wenn sie sie nur je zu sehen bekämen.«